［北欧流］
FIRE　FROM SPARK TO FLAME　THE SCANDINAVIAN ART OF FIRE-MAKING
焚き火のある暮らし

エイヴィン・ベルク
Øivind Berg

井上廣美［訳］
Hiromi Inoue

原書房

［北欧流］焚き火のある暮らし

本書を炎の番人たちに捧げる。
火の番をしてくれて、感謝!

目次 / CONTENTS

火花
火は旅の友
007

火
その発見が人間の暮らしと行動を変えた
013

キャンプファイア
ファイアピットと燃料と炎
021

火を焚くためのツール
ナイフ、斧、のこぎり、マッチ
035

キャンプファイアの薪
火口、焚きつけ、燃料、着火
047

キャンプファイアの種類
ハイキングの火からパン焼き窯まで
069

火のある場所
屋内の炉と常設の炉
085

直火の料理
火と煙で作る料理と保存食
093

ボンファイアの伝統
聖ヨハネの前夜祭(夏至前夜祭)とヨーロッパのボンファイアの伝統
113

のろし
のろしと監視塔と灯台
121

料理用ストーブや暖炉では
役立つヒント、薪と着火
127

万能の火
タールも木炭も鉄も陶磁器も火を利用して作られる
137

火がおきだけになったら
白い灰にして痕跡を残さず立ち去る
151

引用文献・参考文献
156

火花

マッチを擦る。火花が炎となって、火口の樹皮が燃え上がる。
煙の匂い、トウヒの小枝がパチパチとはぜる音。
冷えた手を伸ばして炎にかざすと、火のぬくもりがゆっくりと
衣服にしみこんで肌まで届き、全身に広がっていく。
炎の輝きが、キャンプファイアの周囲の闇を一段と深める。

火は重要な熱源だ。
そればかりか、火の放つ光は闇を払い、闇を防ぐ。
炎が揺らめく。命を得たかのように、
真っ赤に燃える炎の中心から脈動する。
薪がシューシューと鳴り、
その表面にふつふつと蒸気がわいては消えていく。
薪がバチッとはぜ、白や黄色の火花が
頭上の闇に向かって舞い上がる。

⭐ 私の鉄製のケトル

両親と小旅行に出かけるようになったころのことを、今もよく覚えている。いつも両親なりの流儀があった。父はひざ丈のズボンに長靴下、がっしりした重いブーツをはいていた。夏でも冬でもだ。父の軍用リュックには、焚きつけとマッチ、古新聞で包んだ使い古しのコーヒーケトル、大きなポケットナイフが入っていた。持ち物はいつも同じだった。

　父は地面に石を円形に並べ、古新聞を何枚か裂いて火口にし、その古新聞の上に焚きつけを注意深く扇型に置いた。そして自分の体で風をさえぎりながら、マッチを擦った。失敗したことは一度もない。いつも1本目のマッチで火がついた。

　火が燃えだすと、すぐさま父は薪を加え、ケトルに水を満たし、炎のそばの石の上に完璧なバランスでケトルを置いた。湯が沸くのにあまり時間はかからない。父はきっちり適量のコーヒーをケトルに入れ、そのまま必要な時間だけ沸騰させてから、ケトルを火から下ろし、傍らに置いた。そして、煮出したコーヒーをカバノキの小枝でかき混ぜた。この儀式が始まるたびに、母のほうは嫌そうな顔をした。母はカバノキの風味がしないコーヒーのほうが好きだったからだ。それでも父は、得意げな笑みを浮かべながら、ケトルで入れるコーヒーは家のコーヒーと同じ味ではだめなんだ、と言っていた。山の味がして、ダイナマイトみたいに強いコーヒーじゃないといけない、と。それが父の好みだった。

火

車輪は発明されたものだが、火は使いこなすようになったものだ。
原始人が火を使うようになったのは、その必要があったからだ。
やがて、光と暖かさを与えてくれる焚き火の周りが、
自然と人々の集まる場所になった。

　燃え盛る火は危険だ。人間は火の正しい使い方を学ばなければならなかった。そして火を自在に扱えるようになると、それは人間にとって何よりも強力な道具になった。火を使いこなすことが、人間と動物との最初の明確な違いだった。

　人間が火を使いこなすようになったのは、約50万年前だと言われている。もしかしたらこんなことがあったのかもしれない。ある時、雷が落ちて火事が起きる。そこに狩りに出た男たちが、その火事の犠牲になって焼けた動物の死骸を見つける。しかも焼けた肉のほうが、生の肉よりも楽にかめて食べやすいことも知る。これをきっかけに、人間は熱を利用して肉と魚を保存するようになったのかもしれない。

　その後、人間は弓矢や槍でしとめやすい場所に獲物を追い込むため、野火を操ることも覚えた。風と火を狩猟技術として利用するようになったのだ。

　アフリカ大陸やユーラシア大陸で出土した遺跡から見つかった黒焦げの土層は、今の人間の祖先であるホモ・エレクトス（直立する人）が、火を使いこなしていたという証拠だと考えられている。考古学者によると、ホモ・エレクトスは180万年前から4万年前にかけて生きていたらしい。また、このホモ・エレクトスという種は、現生人類（ホモ・サピエンス）の共通の祖先かもしれないとも考えられている。学界の定説では、ホモ・エレクトスは狩りをして暮らしていた人々で、道具や火を使いこなすようになったのち、アフリカ大陸から出ていったという。もしかしたら、まだ燃えているおき火を携えて出発したのかもしれない。そうであれば、長い距離を移動しても、おきがまだ熱いままだということに気づいただろう。こうして、人類はついに火を起こす道具の使い方を知った。

　焦げた土層と動物の骨が出土した遺跡は、人間が火を使いこなすようになって食習慣を変えたことを示す証拠

だと考えられている。人類学者のクロード・レヴィ＝ストロースによると、食べ物を生のまま食べていた食習慣が、煮たり焼いたりして食べるように変わったことが、人類と人類以外の動物とを分ける最大の明確な違いだという。生き残れるかどうかの可能性と基本的な生活状態が一変したのは、火が熱と光をもたらす源となり、肉や魚を調理する方法のひとつともなったときだった。研究によれば、人間がアフリカのサバンナから出て、別の場所で仮住まいしたり永住したりしたのを促進したのは火だったという。そして、火を焚くために地面に掘った穴（ファイアピット）が「炉」となり、この炉を中心に、人間社会が発達していった。

今ではもう「炉」は家庭に不可欠なものではないが、それでもまだ、揺らめく炎に強いつながりを感じる人は多い。ただし、今の私たちが火のそばに引き寄せられるのは、火が熱源だからというよりも、どちらかというと楽しみのためだ。

火

火とは、急速な高温燃焼から発せられる可視光線であり赤外線である。

炎は空気中の酸素と可燃性物質との化学反応から生じる。このプロセスは、温度の上昇によって可燃性物質がガスに変化して発火したときにだけ始まる。この時、微細な炭素粒子が高温になるため光を発する。その時に見える光線が炎であり、これがいわゆる火である。

神は私たちに炎が赤々と燃え立つ火を与えてくださった。
用心すれば、私たちの友となる。
優しい炎は暖かさと光を与えてくれる。
ありがとう、火よ！気をつけて火の番をすると約束しよう。

ギスレ・シャイエ（Gisle Skeie、2007年）

火の神プロメテウス

ギリシャ神話のプロメテウスは、巨人神族ティタンのイアペトスの息子だった。
傲慢になった人間が神々の言うことを聞かなくなり、
崇拝することを拒むようになると、
ゼウスは人間を罰するために人間から火を取り上げた。
そこでプロメテウスが神々から火を盗んで、人間に火を取り戻してやった。

★ シンボルとしての火

宗教や儀式にとっても、火は非常に重要だ。火は点火され、大きくなり、やがて消える。火は人生そのものを象徴し、愛を象徴する。火にはダークサイドもある。本質的に危険なもの、破壊をもたらすものであって、苦痛と損失を象徴する。

現代社会においても、火はその象徴的意味合いを失ってはいない。私たちは祝うときや祈るとき、そして悲しみを示すときにキャンドルをともす。北欧諸国では昔も今も、夏至や冬至の祭りにボンファイア（焚き火）を焚く。抗議の行進をするときや、自分の信じる主義主張に支持を表明するための集会のときには、今でもたいまつを掲げる。

オリンピックの聖火は、ギリシャのオリンピアで点火された炎が、何人ものランナーの手でリレーされてオリンピックの開催地へ運ばれる。そして、この聖火が聖火台に点火され、オリンピックが終わるまで燃え続け、消されることはない。聖火台の点火も消灯も重要な象徴的イベントだ。ノルウェーのモルゲダールでは、1952年のオスロオリンピックの聖火トーチが今も燃え続けており、リレハンメルでも1994年の第17回冬季オリンピックの聖火が保存されている。これらの聖火は、インドやアゼルバイジャンの寺院にある「永遠の炎」に似ている。

火は神話においても不可欠な要素で、いつの時代も宗教上重要な役割を果たしてきた。聖書の出エジプト記には、次のように、ファラオの軍から逃げて荒れ野を進むイスラエルの人々を夜間に導いた「火の柱」の話が出てくる。

「主は彼らに先立って進み、昼は雲の柱をもって導き、夜は火の柱をもって彼らを照らされたので、彼らは昼も

ハインリヒ・フューガー（Heinrich Von Füger）作、『人類に火をもたらすプロメテウス（Prometheus Brings Fire to Mankind）』、1817年。

夜も行進することができた。」(出エジプト記13章21節)
　一方、古代ギリシャの哲学者たちは火の物理的性質に関心を寄せた。すべての物質は4つの元素(土、水、空気、火)に基づいているというアリストテレスの四元素説は、何百年間も科学的真理だと思われていた。この説によれば、木材は土と空気と火で構成される。樹木はその根を湿った土の中に張り、空から空気を取りこみ、太陽から火を吸収するから、土、水、空気、火という4つの元素すべてを含む。樹木を燃料に使えるのは、乾燥して、水の元素を抜いたあとだけだ。そして木材が燃えると、火と空気が抜け、土だけが灰という形で残る。火の番をしたことがある人には、これは理にかなった説だと思われたが、

18世紀になって、ゲオルク・シュタールという医師が新説を唱えた。シュタールによると、可燃性の物質はすべて同じ元素を放出するという。シュタールはその元素をフロギストンと呼んだ。そして、硫黄がほぼ純粋なフロギストンだと主張した。硫黄が燃えると、ほとんど何も残らないからだ。また彼は、密閉した容器の中で燃えているロウソクは、容器内の空気がフロギストンをそれ以上含むことができなくなったときに消えてしまうと考えた。今ではこの逆が正しいとわかっている。炎が消えるのは、空気中の酸素がなくなったときだ。これを発見したのはアントワーヌ・ラヴォアジエで、18世紀末になってからのことだった。

そして火が旅人に言った。
きみは凍えかけているようだね。
その身を衣で包んでいるのは、
寄る辺ない心を守るためだね。
でも私が道を照らそう、
灰の門への道を。
きみは用意ができてるかい？
その裸体をあらわにして、
光の前に近づく用意が。

ハンス・ビョルリ（Hans Børli）、「グロームダレン（Glåmdalen）」紙、
ノルウェー、1961年7月29日付

キャンプファイア

キャンプファイアはアウトドア生活の重要な要素だ。
キャンプファイアは暖かさと友情をもたらしてくれる。
そして、キャンプファイアのそばには、
温かいコーヒーケトルが欠かせない。
オレンジ色に輝くキャンプファイアの光に包まれながら、
仲たがいしたり敵意を募らせたりすることなどめったにない。

ノルウェーの先住民族サーミ人は、キャンプファイアに点火することをドーッレ・ビエイェム(dålle bïejem)と呼ぶ。これはキャンプファイアの周囲に集まるという意味だ。キャンプファイアそのものを指す言葉はいくつかあり、たとえばサーミ語にはドーッロー(dållå)という言葉もあるが、どう呼ぶかは、どのような種類のキャンプファイアを指すかによる。キャンプファイアの規模、おこし方、どのような薪を使うか、どこでキャンプファイアを焚くかで変わる。たまたまそうなったわけではない。知識と経験が何百年間も積み重なった結果だ。

このことから、その土地に生まれ育った人々にとって、火がどれほど重要かわかる。キャンプファイアは友情をもたらす。初対面の人であっても、会話が弾む。アメリカのファースト・ネーションズ（先住民族）は、キャンプファイアを囲んで民族間の同盟を話し合い、合意を確認するために「平和のパイプ」を回し飲みする。

また、人は黙りこんだままキャンプファイアのそばに座ることもある。慰めを与えてくれる沈黙に会話は不要だ。温かく受け入れられていると感じ、友情で結ばれる。私は森の中にひとりきりでいても、キャンプファイアの前に座ると、自分よりもはるかに大きな何かに属していると感じることが多い。旅するとき、火は素晴らしい仲間になってくれる。私たちを自然に近づけてくれる。疲れ果て、ずぶぬれで凍えていても、火が服を乾かし、極寒の夜でも体を温め続けてくれる。

★ ファイアピット（火を焚くための穴）と燃料と炎

火をつけることは、「言うは易く行うは難し」だ。火をつけて燃やし続けるには、きちんと準備しなければならない。まず、決めねばならない大事なことが4つある。どこで火を焚くのか？　どのように火をおこすのか？　火をつけるには、どのような火口と焚きつけが必要か？　どのような燃料を使えば、火が燃え続けてくれるのか？

★ ファイアピット

火ができるだけ強い熱を発しながらゆっくり燃え続けるようにするには、風をよけられる場所でなくてはならない。岩壁のそばや大きな岩の陰でキャンプファイアを焚くのを好む人が多いが、私は開けた場所で火を焚くほうが好きだ。もちろん、岩陰のキャンプファイアにはそれなりの利点がある。このほうがゆっくりと燃えるうえ、熱が岩から反射されてくる。だが私の経験では、欠点のほうが利点よりも多い。

風が岩を回るように吹くので、空気の渦ができ、火のそばで煙が渦を巻いてしまう。煙が目に入るのは好きではない。そのため私は、天空が広がる下で火を焚くことにしている。少しでも風が吹けば、煙は流されて消えてしまう。風向きが変わったら、腰を上げて別の位置に座るだけですむ。風が強い日は、丘の近く、風の当たらない側にキャンプを張る。キャンプファイアは必要なら移動することもできる。

一番よいのは、地面にファイアピット（火を焚くための穴）を掘ることだ。燃え移りそうな植物から十分離れたところに掘る。地面を掘り、そのくぼみに火を焚く場所を作るのは難しいことではない。そこから立ち去るときには、火を消し、掘り出した土や草で穴を埋め戻しておく。そうすれば痕跡が残らない。

★ 石の上で火を焚く

小さなキャンプファイアなら、平たい大きな石の上でもうまく燃える。できれば石を裏返してから、その石の周囲に小さな石を積んで、コーヒーケトル用に小さな火をおこす。火が消えたら、おきに水をかけて完全に消し、大きな石をもう一度裏返せば、そこにいた跡が残らない。

★ 砂地で火を焚く

松林のような砂地の場所は、浅い穴が楽に掘れる。

　コケの生えている場所で火を焚くつもりなら、ファイアピット（火を焚くための穴）の近くに樹木の根やヒースがないことを確かめること。根は地中で長く伸び、くすぶって発火しやすい。きちんと火を消したつもりでも、また燃えだすことがある。
　乾燥したヒースは、火の粉が飛んだだけで引火する。爆発的な勢いで燃えだすヒースもある。
　火を焚こうとする場所にある植物と表土を掘って取り除く。そして火が消えたら、水をかけて完全に消し、先に掘り出した砂や土、草で穴を埋め戻す。

★ 湿地で火を焚く

　じめじめした湿地は、安全に火を焚ける場所だ。草の生えている表土を取り除き、浅い穴を作る。土がかなり湿っているので、湿った地面に乾いた枝や小枝を置き、その上で火をおこす。火が消えたら、おきに水をかけて完全に消し、掘り出した草と表土で穴を埋め戻す。

★ キャンプファイアか、それともファイア・リングか？

　大自然の中に足を踏み入れたとき、火を焚くために環状に並べた石を放置して立ち去るのは、そのファイア・リングが常設でないなら好ましいことではないと思う人が多い。ファイア・リングは明らかに自然への介入だ。しかも、いつまでも目に見える。実際のところ、石を円形に並べる必要などない。それどころか、薪に必要な空気の流れをブロックしてしまう。人体でたとえるなら、気道をふさいでしまうようなものだ。
　常設の差し掛け小屋や通年型のキャンプ場の脇でファ

イアピット（火を焚くための穴）を作るつもりなら、石でその土台を作るのがベストだ。サーミ人の方法がヒントになる。まず、その場所にあるヒースや草や土を取り除く。そして浅い穴を掘り、穴の底に平たい石を何個か敷いて土台を作る。その土台の周りに石を円形に並べ、その隙間を小石や砂や土で埋める。こうすれば、近くの草やヒースに火の粉が飛んで燃え移るリスクが減るうえ、石が熱を反射し、また蓄えることにもなるので、火が長持ちする。サーミ人はこの種のファイアピットをキャンプやターフハット（芝に包まれた小屋［ガンメ gammer］）やテント（ラッヴ lavvu）で使う。そうした場所では、火を制御して、ファイアピット（アッラン àrran）の近くに隠れているトナカイに火が燃え移らないように守ることが大事なのだ。

★ 着火

火をおこすことは一種の技術だ。その秘訣は、最初の炎にあり、これを点火できるかどうかが決め手になる。それには何よりも準備が大切だ。1本目のマッチを擦る前に、薪のほかにも重要な材料をすべて手の届くところに置いておこう。

火口には、カバノキの樹皮、セイヨウネズの樹皮、干し草、トウヒかマツの乾いた細い小枝を使う。そして火口に火がついたら、カバノキの樹皮や乾いた細い小枝をいくつか加え、その細い小枝に火が燃え移るまでじっと辛抱強く待ってから、太めの小枝を追加する。

★ 薪を探す

私はいつもハイキングしながら乾いた薪を探す。探すの

彼女は火を焚いた。そして乾いた木や
葉っぱを探して付近を少し歩き回った。
火が弱くなると、その火を埋め、
まだ暖かさの残る焚き火跡のそばで
泥人形にでもなったかのようにしゃがみこみ、
火についてじっくりと考えた。

ジル・アダムソン（Gil Adamson）、『外来者（The Outlander）』より

覚えておくとよい簡単なルール
下に樹皮と木片、その上に乾いた焚きつけ。
火がついたら、火に薪をくべる。

は枝が乾いた枯れ木だ。そうして、ぴったりの薪がある場所を確認してから、火をおこすのに適した場所を探す。歩きながら火口や焚きつけを集めることもある。また、太い枝や丸太も探しておく。そうすれば、火をおこしたあとで探しに行って時間を無駄にしなくてすむ。乾いた丸太や太い枝を見つけたら、たいていキャンプ地まで引きずっていき、火のそばで切ったり割ったりする。

薪にする枝は、表面を薄く削って、カンナで削ったような薄い「フェザー」(羽毛状のもの)を立てる(フェザーリング)。こうするほうが早く燃えるだけでなく、燃え移りやすい。

★ 火を燃やし続けるには
トウヒやマツの焚きつけは、最初に十分集めておくのがよい。太い幹は短く切り、細く割っておく。ただし、私は手頃なマツの古木があっても、手をつけずに通り過ぎることがある。その古木が、何十年も前からその森の美しさを生み出していると思うからだ。ちっぽけなキャンプファイアの燃料にするだけのために、大きな木を切り倒す必要などない。そこには乾いた枝が十分にある。燃料がほんの少ししかなくても、意外なほど火は燃え続けてくれる。

★ 薪
ノルウェーの法律では、田舎をあちこち動き回る権利が守られているが、だからと言って、何でも好きなようにできるということではない。いわゆる「自然享受権」は、北欧の文化のひとつだが、古木を薪に使うにはルールがある。欲しいものを手に入れるだけ、というわけにはいかない。どれくらいの量の薪が必要かを考え、必要な分だけを集めるようにしよう。森や他人の所有物を尊重すること。

★ 雨天に火を焚くには

雨が降ってきたら、火をつけようとしても無駄だと言う人は多い。それは間違いだ。難しいかもしれないが、不可能ではない。キャンプファイアは放射熱を発する。小雨か普通の雨であれば、その放射熱が雨で邪魔されることはない。霧や霧雨の中でキャンプファイアのそばに座ると、大きな傘の下に座っているような感じになる。

私は雨のときにも必ず火を焚くが、悪天候であっても、乾いた木材を見つけるのに苦労したことはない。

トウヒやマツの乾いた枝を探そう。マツの古い幹は最高の燃料になる。幹を少し削ってみて、マツヤニの香りがしたら、その幹には樹脂がたっぷり含まれていると思ってよい。そういう木材のことを「ファットウッド」と呼ぶ。着火しやすく、ゆっくり燃え、土砂降りでも使える。

マツやトウヒの樹脂はよく燃えるので、雨天でも小枝が優れた燃料になる。まだ固まっていない樹脂をナイフでこそげ取り、その樹脂を小枝に塗りつける。そうすると、小枝は火にくべたとたんに着火し、その熱で小枝が十分に乾くため、小枝に火がついて燃え続けてくれる。

カバノキの木から乾いた樹皮がだらりと垂れ下がっているのを見つけたら、それをはぎ取ってもよい。樹皮と乾いたトウヒの小枝を使って小さなパイル（円錐形）を作ってから、そのパイルの上に、樹脂を含んだ木片を円錐形のテント（ティピー）を作るように重ねる。この時、通風用に小さな開口部を作っておき、この開口部からパイルに火をつける。火が消えないよう、体を盾にして風をさえぎる。火がついたら、乾いた枝を火にくべ続ける。ただし、一度にくべる枝が多すぎると、かえって火が窒息して消えてしまうので気をつけよう。火が燃えるには酸素が必要だということを忘れないように。

火をおこすときに避けるべきこと

生きている樹木から水分を含んだ生木を取って使うこと。

乾いた薪を探そう。水分を含んだ木材は燃えにくく、
煙が多く出るだけで熱をあまり発しない。

太い木材を使うこと。

太い木材を燃やすには、下から十二分に熱する必要がある。
大きな丸太や幹を使うのは避けよう。
小枝を見つけられなかったら、丸太を細く割る。

薪が少ないこと。

薪が少ない場合は、薪を十分に集めておくこと。
大きな丸太が1本か2本あるだけでは足りない。
火をおこす前に十分な量の木を集めておかないと、
追加の木を探しに行くはめになり、探している間に火が消えてしまう。

空気が足りないこと。

炎の中心部まで十分な量の空気が
届くような形で火をおこすこと。

火のそばで

こんなにも若々しくて美しいきみを見たことはない。

こうして火のそばで、おき火を見つめているきみ。

（中略）

きみの笑顔！

揺らめく炎を見る

きみのその笑顔。まるで雪のように白い蝶。

嬉々として舞い狂い、あの火のように真っ赤なバラに飛び込んでいく！

でももっと薪を集めなくちゃ。火がもっと燃えるように…

こんなにも若々しくて美しいきみを見たことはないのだから。

<small>ルドルフ・ニルセン（Rudolf Nilsen）、詩集『日常（Everyday）』（1929年）より</small>

火を焚くためのツール

マッチ1箱と大自然が与えてくれるものさえあれば、
火をおこすことができる。
だが私は、マッチ以外の装備も
リュックに入れて行くほうがよいと思う。

現代的なツールを使えば、あっという間に火をおこすことができる。マッチよりもファイアストライカーのほうが好きだという人もいる。私の場合は、マッチ1箱かストームライター、そしてカバノキの樹皮と樹脂を含んだ木片を防水仕様の箱か袋に入れ、これを必ず携帯する。

★マッチ
普通のマッチでもよいが、キャンプファイアには、長くて太いマッチのほうが点火しやすい。このほうが少しだけ長く燃えてくれるからだ。そういうマッチもたいてい食品雑貨店や金物店で買える。長い暖炉用マッチも便利だ。暖炉用マッチは、柄を短くすれば持ち運びしやすくなる。マッチは防水仕様のプラスチックの箱に入れておくとよい。もとのマッチ箱のやすり部分も、箱から切り取って一緒にプラスチックの箱に入れる。

昔は、写真フィルムを買うと、密閉式のふたがあるプラスチックの円筒形のフィルムケースに入っていた。このフィルムケースを利用してマッチとやすり部分を入れている人も多かった。今では、市販品で専用のプラスチック製マッチ入れがある。この容器にはやすり部分も付いている。

もっと長く、もっと高温で燃えてくれるものが必要なら、いわゆる「ファイアライター」を買うとよい。マッチと着火材がひとつになったものだ。簡単に着火し、1本で数分間燃え続ける。本来はオーブンやストーブに火をつけるためのものだが、もちろんアウトドアでもうまくいく。

★ストームライター
気がついたらポケットのマッチが湿っていたり、マッチ箱のやすり部分が擦り切れて使い物にならなくなっていたりして、うんざりしたことのある人は多い。そよ風が吹いただけでマッチが消えてしまい、嫌気がさすこともある。そういう人はライターを使う。だが、ライターも水に負けてしまうことがある。しかしブタンガスか液体燃料を使うストームライターなら、どんな状況でもたいてい使える。この技術は急速に進化しているので、現代的なストームライターは買うだけの価値がある。ただし、家を出る前にストームライターに燃料を入れるのを忘れないように！

★フリントスパーク・ライター
ハンターやアウトドア好きには、フリントスパーク・ライターが人気のツールになっている。その理由は簡単だ。軽くて耐久性があり、何よりも、水に強い。フリントスパーク・ライターはマグネシウム合金でできたシンプルな道具で、スチール片やナイフにこすりつけると火花が発生する。

★マッチを使わず火をつける
キャンプでマッチを使わずに火をおこすという難題に挑戦するのを楽しんでいる人も多い。実のところ、これは難しいことではないが、テクニックをマスターすれば、もっと感動的な着火になる。それには準備を整え、練習を積んでおくことが大事だ。まず、乾いた木材から薄い木片を削り出しておき、裂いたカバノキの樹皮、草、枯れ葉、衣類の糸くずなどを地面に敷く。石か丸太にファイアストライカーを押し当て、スチールに沿ってすばやくこすると、この優れた素材から火花が発生する。おき火になったら、削った木片や樹皮や糸くずを追加する。注意深く息を吹きかければ、炎が立つ。

右手から手袋を剝いで、樹皮をポケットから出した。
さらされた指があっという間にまた麻痺していった。
それから、硫黄マッチの束を取り出した。
ところが、すさまじい寒さに、指からはすでに力が抜けていた。
束から一本抜き出そうとして、
束がまとめて雪の上に落ちてしまった。

ジャック・ロンドン、小説『火を熾す』より。
（柴田元幸訳、『柴田元幸翻訳叢書　ジャック・ロンドン　火を熾す』）

弓錐から現代的ライターへ

考古学者によると、北欧では石器時代(紀元前1万年〜1800年)に火をおこし始めたらしい。

石器時代の人々は、何か摩擦する方法(たとえば弓錐)を使ったようだ。こうして得られた熱で、乾燥したものに十分着火することができた。もちろん、火がつくほどからからに乾いたものである必要がある。その後、人間は2種類の石を打ち合わせれば火花を飛ばせることを知った。しかも、ほかの石よりたくさんの火花が出る石も見つけた。着火しやすいものに火花が飛び移れば、火がつき、それがまた、草や乾いた小枝などの燃えやすいものに引火する。

やがて金属が発明されると、ケイ岩を含む石を青銅製の短剣や鉄製のらせん状の錐に打ちつけても火花が出ることがわかった。おそらくファイアストライカーはこうして生まれたのだろう。鉄器時代(紀元前500年頃)に広く使われていたファイアストライカーは、現代になってもまだ利用されている。

★ ファイアストライカー

ファイアストライカーの主な材料は鉄だ。鉄は非常に高温になる。鉄製のファイアストライカーをフリント(すい石)のような鉄より硬いものの角に打ちつけると、鉄の細かな破片が削り取られる。そして、そうした硬い石に鉄を勢いよく打ちつけたりこすったりすれば、その細かい鉄片が赤熱する。燃えやすい火口(かつてはアマドゥという、キノコから作るスポンジ状の可燃性素材がよく使われた)めがけて火花を飛ばすのが、うまく火をつけるコツだ。ヴァイキングの時代には、ファイアストライカーを使うときの火口はアマドゥが最も一般的だった。アマドゥが採れるキノコのなかでも一番よく使われたのが、カバノキの古木に生えるツリガネタケ(*Fomes fomentarius*)、別名ホクチタケだ。

★ フリントスパーク・ライター

現代的なファイアストライカーは、フリントスパーク・ライターと呼ばれている。鉄とマグネシウムの合金でできており、非常に高温の火花を大量に発生させることができる。

マッチやライターとは違って、フリントスパーク・ライターは水に強く、氷点下の気温でも使える。多くのハンターやアウトドア好きにとっては、フリントスパーク・ライターがベストの発火具で、とくに悪天候のときには何物にも代えがたい。

また現代では、フリントの代わりに鋼鉄製のスクレーパーを使う。スクレーパーをフリントスパーク・ライターに押し当ててこすると、鋼鉄の細かな破片が削り取られ、摩擦で赤熱する。

火花を受け止める火口は、昔ながらにキノコのアマドゥが使われているが、アマドゥではなく衣類乾燥機に残った糸くずを持参する人も多い。タンポンや黒く焦げたリネン類を使う人もいる。

★ マッチ

今の私たちがマッチと呼ぶものが発明されたのは、1827年のことだ。マッチの先端をザラザラした面にこすりつけると、その摩擦で発火する。この化学反応を利用したマッチは大いに普及したが、危険な代物でもあった。服のポケットに入れているだけで発火するおそれがあったからだ。そして1844年には、いわゆる安全マッチが発売された。このマッチのほうが、リンの含有量が少なく、特定の面で擦ったときだけ発火するようになっていた。こうしたマッチは、19世紀に店頭に出回り始めたときから特別な箱に入っていた。箱の外側に擦るための面をつけた、現在売られているマッチ箱と同じような箱だ。

中世には細いロウソクがよく使われていた。

★ニッタダル・エイド・マッチ

ノルウェーでは、早くも1838年にマッチの製造が始まった。当時は国内のあちこちに、マッチ工場が次々と出現した。

ニッタデルでも、1863年に工場が設立され、1941年には、「エイド・マッチ」(イェルペスティッケネ Hjelpestikkene)を製造する新工場ができた。このマッチは、販売されたマッチ1箱につき1ペニーか2ペニーが人道援助に寄付されていた。

ノルウェーのマッチ製造は、1984年にすべてスウェーデンへ移った。スウェーデン・マッチ社が、ニッタデルの工場も含めたすべての製造会社を買収したためだ。スウェーデン・マッチ社は今も世界最大のマッチメーカー(世界市場シェア14%)で、年間生産量80億箱(マッチ3900億本)を誇り、世界145か国で販売されている。

★ライター

ライターは、小さな金属片が鍛鋼製の回転ドラムにこすりつけられることで火花を発生する。最初期のライターは、ナフサをしみ込ませた芯に火花を引火させていた。こういうライターとしては、かの有名なジッポーのライターがまだ販売されているが、現代のライターはほとんどがブタンを燃料とする。

★ナイフ

キャンプをするときには、多くの人が必ずナイフを持参する。木材の表面を薄くそいだり、小枝を切ったり、熱いケトルを火から下ろすための枝を削ったりするには、ナイフが不可欠だ。たいていは鞘(シース)に収納するタイプのシンプルなシースナイフで事足りるが、そうしたナイフの刃(ブレード)は、パンを切ったり燃料を処理し

スウェーデンのウドゥトゥヤ（Udtjá）という村の
サーミ人の古老たちは、炉床にたいそう興味を示した。
それは彼らにとって連帯感と喜びを与えてくれる場所だった。
火の番をする以外、彼らはあまり役に立たなかった。
彼らは喜々として体力と活力の源泉の番をした。
火は熱と光を与えてくれる。
火は命そのものなのだと、彼らが私たちに教える。
火が燃えるのを古老たちはうれしそうに見つめていた。
どんなに暖かな日でも、彼らは火を焚きたがった。
料理をする必要がないときでさえも。
彼らはいつもこう言った。
「幸せでいるためには火が必要なのだ！」。

アンデシュ・ラーション＝ルッシ（Anders Larsson-Lussi）

シースナイフは木を削るには格好のツールだが、木を割るには少しばかり弱い。

たりするには短すぎることがある。長くて厚みのある刃がついたナイフのほうが使い勝手がよい。柄（ハンドル）が握りやすく、ナイフに重みを感じるようなものを選ぶ。こうしたナイフなら、狩りにも釣りにも使える万能ツールになる。木材を集めたり削ったり割ったりするのにも役立つ。

ブルスレット・ロンダーネ（Brusletto Rondane）は、フルタング・ブレード（ハンドル内のタングの幅がブレードの幅と同じ）の優れたキャンピングナイフだ。この形状のタングであれば、木材でブレードの背を叩いてバトニングしても、ハンドル内のタングにダメージを与えないですむ。標準的なシースナイフは、ハンドル内のタングがブレードよりも薄くて細い。このナイフだと、タング自体が弱点になる。ナイフで薪を割ろうとして、ナイフの背を木材で叩いてバトニングしたら、タングが曲がって、ナイフのヒール（ブレードのうちハンドルに最も近い部分）を傷めるおそれがある。サーミ人が使っているような伝統的なナイフであれば、このようなことは起きない。ブレードの背を叩いても大丈夫で、パンを切るのにも使える。フライ返しの代わりにもなり、木材を削ることも、切ったり割ったりすることもできる。

サーミナイフは、カバノキのハンドルに真鍮の金輪があり、荒く鍛えた長いブレードで、革製のシースに入っていることが多い。ブレードは一般的に20〜23cmの長さがあり、炭素鋼を伝統的な方法で鍛えてある。そのサイズと重さから、このナイフは扱いやすい万能ツールになる。ブレードの先端を使えば、食肉用に動物を解体処理したり、その皮をはいだりするような細かい作業をすることもできる。ヒールは木材を割ったり、硬いものを叩いたりするのに使い、ブレードの中央部分は、枝を割るのに使う。

現代的なナイフとしては、ノルウェーの冒険家ラーシュ・モンセンが、伝統的なサーミナイフをヒントにしてノルウェーのブルスレット（Brusletto）社と共同開発した

フルタング・ブレードやサーミナイフは、木を割れるだけの重さがあるものなら、多くの場面で斧代わりになる。ノコギリはハイキングにも便利だ。

ものがある。こちらのほうがサーミナイフより柄が重く、ブレードも厚く、斧と同じような使い方ができる。また、魚をさばくのにも使える。ブレードの背には溝があり、この溝を使って熱いケトルをキャンプファイアから下ろすことができる。モンセン・シリーズもサーミナイフもスウェーデンのファルクニーベンのナイフも、大きなナイフなので、腰から下げると重いが、リュックやバックパックに入れて持ち歩けば気にならない。

★ 斧

ハイキングだけならおそらく斧は必要ないだろうが、一般的に、キャンプをしながらの旅やキャンプ場ではハンドアックス（手斧）が役立つ。

ハンドアックスは柄が長めで、ヘッドが長方形で重いものがよい。ハンドアックスは焚きつけを集めたり、枝を切ったり、丸太を割ったりするのに役立ち、そのサイズのわりには、小さな木ぐらいなら切り倒すこともできる。ショートアックスも薪を割るのに役立つが、役立つのはそれくらいだけで、頑丈なハイキング用ナイフがあれば、たいていショートアックスの代わりになる。

★ ノコギリ

ほとんどの場合、よく切れるハイキング用ナイフがあれば事足りるが、キャンプに行くときには小型のハイキング用ノコギリも荷物に入れておきたいという人もいる。生木でも乾いた木材でも、太い枝や幹を切る必要がないのであれば、木を切るには小型のノコギリが非常に役立つ。

折りたたみノコギリはとても扱いやすい。バックパックに入れてもあまりかさばらず、正しい使い方を覚えさえすればかなり役立つ。ほとんどのノコギリは引くときのほうがよく切れる。ノコギリに仕事をしてもらうという大事なコツを忘れないように。要は、ノコギリで切るときには力をかけすぎない、ということだ。

点火キット

どんな状況でも火をおこしたいのであれば、次のようなアイテムをいつも携帯すること。

マッチ

特別に長いマッチ（暖炉用のマッチのようなもの）を選び、
それを持ち運びやすい長さに切る。

カバノキの樹皮

樹脂を含む薄い木片

樹脂を含んだ木片を持ってこなかった場合には、
その代わりに、トウヒの乾燥した細い小枝や
乾燥した草を使うこともできる。

ファイアプレース・スターター（着火剤）

ファイアプレース・スターターは、小袋に石油と
バイオオイル（木質油）を混ぜたパラフィン類が入っている。
すぐ火がつき、かさばらないうえ、無毒で、衣類や持ち物を汚すこともない。
手作りの着火剤（おがくずにパラフィンを混ぜたもの）も、
1箱持っていけば、悪天候の場合に補助として役立つ。
どちらも防水仕様の密閉できる箱に入れること。

キャンプファイアの薪

森には多種多様な木がある。
それぞれの木を薪にする場合の使い方がわかり始めたのは、
そうした森の木についてよく知ってからのことだった。

乾燥したマツやトウヒは、燃えると火の粉が多く飛ぶが、薪にするなら私はマツとトウヒが断然好きだ。ただし、パチパチとはぜる音がしないキャンプファイアにしたいときは、マツやトウヒではなく落葉樹を選ぶ。

★ 焚きつけ

火をおこすには、燃えやすい木材が必要だ。カバノキやセイヨウネズの小枝を別にすれば、生きている樹木の枝は使えない。

カバノキの樹皮は非常によく燃える。湿っていても大丈夫だ。トウヒの大木の根元に積もっている腐敗しかけた落ち葉や枯れ枝も、乾いていればよく燃える。灰色になった小枝ひとつかみを細かく砕いて、こんもりと盛る。

これで、ごく小さな炎でも着火する完璧な焚きつけができる。

乾いた小枝は、トウヒやマツの樹木ですぐ見つかる。カバノキの倒木も、割れたところが乾燥していることが多い。木が倒れると、すぐに風で乾燥する。幹が腐っていても、裂けた部分は、樹皮に覆われない状態で放置されれば、硬くなり乾燥する。

高い山では、トウヒもマツもまばらにしか生えていないことがあり、ほかの種類の木も存在しない。

腐っていても薪になる木を知っておくと役に立つ。また、ヒメカンバは生きていて凍っている状態でもよく燃える。生木のカバノキの小枝も同じで、これに火をつけ

［左］キャンプファイアは火口と焚きつけから始まる。火を大きくしていくには燃料が必要だ。少し大きめの薪を徐々にくべていく。

るには、火口をたっぷり使うこと、乾いた木片を使って火の中心部を高温にすること、火の中心部まで十分な空気が届くようにすることだ。

　樹木から垂れ下がっている「魔女の髪の毛」（地衣類、Alectoria）も、乾燥した天気が続いているときには格好の火口になる。湿度が高くなると、この「髪の毛」はすぐに腐ってしまうので、見つけたら時間を置かずに火をつけてみるほうがよい。

同じ場所で何日かキャンプを張るつもりなら、まだ乾燥していない生木のカバノキの小枝で自分だけの焚きつけを作ることもできる。カバノキの小枝を何本か摘み、それを小さな束にする。その束を火のそばの乾いた場所に置くか、まだ温かいおきの上方にぶら下げる。カバノキの小枝の束をおきの上にじかに置くこともできるが、その場合は、1分置いてひっくり返せば十分で、そうしないと燃えてしまうかもしれない。1分間で火が燃え移ってしまうことはなく、翌日に使える程度にまで乾燥する。

私の両親は、オーブンに点火するときはいつも新聞紙を使っていた。父はリュックにも新聞紙を入れて持ち歩き、キャンプファイアに点火するときも新聞紙を使った。何年か後になって、私はカバノキの樹皮も新聞紙と同じように使えると知った。雨が降っていても、カバノキの樹皮ならあまり湿らないが、新聞紙はひどく湿ってしまう。また、カバノキの樹皮はリュックに入れてもかさばらず、軽い。生木のカバノキの小枝に着火するなら、間違いなくカバノキの樹皮が一番だ。

地面に落ちているカバノキの樹皮は、
見つけたときにはぐっしょりぬれていても、
しばらくすればよく燃えるようになる。
実は、生きているカバノキの木から
はいだばかりの生木の樹皮よりも、
こちらのほうがよく燃えるのである。

ニルス＝ヘンリク・グンナーレ（Nils-Henrik Gunnare）

ポケットから小さなカバノキの樹皮のかけらを取り出し、
マッチの火を当てて火だねを作った。
これは紙よりもっとよく燃える。
樹皮を土台の上に載せて、その出来立ての炎に、
乾いた細い草やごく小さな乾いた枝をくべた。

ジャック・ロンドン、小説『火を熾す』より。
（柴田元幸訳、『柴田元幸翻訳叢書　ジャック・ロンドン　火を熾す』）

カバノキの樹皮

以下は、カバノキの外樹皮（白色の樹皮）の話だ。

　生きているカバノキから取った樹皮はまだ「生」のままで、これに火をつけようとすると、たまに難しいことがある。しかも、乾いた樹皮よりも煙が多く出る。腐ってしまったカバノキも、樹皮は腐っていないので、樹皮を取ることができる。一般的に、枯れたカバノキや腐ったカバノキから取った樹皮は、まだ生きているカバノキの樹皮よりも厚い。その樹皮の裏が湿っぽい感じがしても問題ない。湿気があるのはたいてい片面だけなので、そのままでもよく燃えてくれる。

　経験豊かなアウトドア好きは、冬の間にカバノキの古木から乾いた樹皮を集めておくことが多い。樹皮がはがれやすい春に、若木から樹皮を集めることもある。集めた樹皮を乾かして保存しておけば、残りのハイキングシーズンに格好の焚きつけになる。

樹皮の集め方

まっすぐに伸びているカバノキを２本か３本探す。よく切れるナイフで幹の周囲にぐるりと浅く、樹皮に切り込みを入れる。その切り込みから約20cm上に、もう１本切り込みを入れる。そして上の切り込みから下の切り込みまで、縦に１本切り込みを入れる。３本の切り込みで囲まれた部分の樹皮がゆるんできたら、ナイフを使って慎重に、その部分をぐるりとむくようにはがしていく。

　数本分の樹皮を集めたら、何か重いものを上に置いて乾かす。こうすると、樹皮が平らなシート状に乾く。

　カバノキは、根から吸収された水分が、茶色の内樹皮にある細い管を通って木全体に届けられる。茶色の内樹皮を切ってしまうと、その細い管も切ってしまうことになり、水分が枝葉に届かなくなる。そんなことをしてしまわないよう気をつけよう。そうすれば、その木はこれからも根から水分を運び続け、樹皮をはがした部分に新しい樹皮ができる。

枯れたカバノキの樹皮は硬くて砕けやすい。乾いた薄いクリスプ・ブレッドに似ている。幹から簡単に外れる。

生きているカバノキの樹皮もシート状にはがれる。厚いのも薄いのもある。薄いシートでも、着火に使うことができる。

さまざまな種類の木についてよく知っておくと役立つ。
そうすれば、焚きつけにするならこれ、明かりと熱が欲しければこれ、料理にはこれ、という具合に、
一番適したタイプの木を判断できるようになる。

★トウヒ

トウヒの樹木は、枯れるとすぐにカラカラに乾く。倒木であっても地面に横たわっているうちに乾いてしまう。これはトウヒの樹皮が薄いためだ。倒木が日光や風にさらされている間に、幹の水分が樹皮から蒸発してしまうのだ。乾燥したトウヒは燃えやすく、すぐに高温になるが、おきや火の粉が舞って、着ている服や寝袋、近くに生えている植物に燃え移ることもある。そのため、トウヒは夜間の焚き火にはあまり向かない。それでも、焚きつけとしては素晴らしく役立つ。乾燥した細い小枝は、着火しやすいが、すぐに燃え尽きる。また、乾いたトウヒの丸太は割れやすいという利点もある。頑丈なナイフがあれば、たいてい割れる。小さなトウヒの丸太は、料理用の薪にうってつけだ。小枝を使えば、フライパンや鍋にかかる熱を調節しやすく、追加する薪も少なくてすむ場合が多い。

根こそぎ倒れた古木の根も、料理にもってこいだ。そうした根は、ほかの薪と違ってあまり火の粉が出ない。

トウヒの腐った幹も、火の中心部が高温になっていれば、よい燃料になる。腐りかけの乾いた木材はゆっくりと燃え、パチパチとはじける音があまりしないので、夜間の焚き火にはぴったりだが、煙がひどくて悩ましいこともある。

★マツ

乾燥したマツはよい燃料になるうえ、うっそうと茂った森なら、それほど遠くまで探しに行かなくてもすぐに見つかる。乾いたマツの古木を見つけるのは難しいことではなく、その根元には必ず乾いた枝がある。

乾燥したマツの枝は硬く、雨の日でも乾燥したままだ。マツの枝は樹脂を含んでいることがあり、大雨の中でもよく燃える。マツを燃やすと大きな炎が上がることが多い。マツをくべたキャンプファイアは、炎が高く上がり、十分な明るさがある。トウヒと同じく、マツの欠点も火の粉やおきが舞いやすいことだ。根こそぎ倒れたマツの乾燥した腐りかけの木材も、火が高温になってからくべるのであれば、よく燃える。乾燥していない生木のマツは燃えない。

★ファットウッド

ファットウッドは、マツの木が傷を治そうとする場合に作られる。枝や樹皮が傷つくと、その傷の部分に樹脂が集中し、そこにたっぷりと含まれるようになる。樹脂を多く含むマツはとくによく燃え、「ファット・ライター」、「ライター・ウッド」、「パイン・ノット」、「ハート・パイン」など、いろいろな呼び名がある。樹脂の多い松の木片は焚きつけにもってこいだが、ファットウッドのほうが普通の木材よりも煤煙が多く出る。ファットウッドはマツの古木の幹や根にあり、場合によっては、幹から伸びる枝にも含まれる。

[右ページ]樹皮が傷ついた生きているマツの木。マツの樹脂(マツヤニ)は着火にうってつけだ。とくに雨の日に力を発揮する。火口の小枝にマツヤニを少し塗りつけてから、火をつけるとよい。

カバノキの倒木は薪向きではない。湿ったカバノキはすぐに腐ってしまい、乾燥しない。

[右]カバノキが倒れる前に折れた部分は乾燥していることが多い。
[右下]トネリコは生きている木の枝も燃料に使える。

★ カバノキ

アウトドア好きにとっては、屋内の暖炉でもアウトドアでも、カバノキこそが最上の薪だ。そうは言っても、カバノキの薪はそう簡単には見つけられない。枯れたカバノキはぬれたらすぐに腐ってしまい、そうなったら燃えてくれない。これは、暑い夏でさえ、カバノキの樹皮が幹の内部に水分を閉じ込めているためだ。ただし、カバノキの木が枯れて腐っていても、樹皮がはがれている幹の部分や幹の上のほうの太い枝についている細い枝は、まだ乾燥していることがある。そうした乾いている小枝の樹皮が厚くなければ、その枝を手で折り取る。折ったときに枝が割れたら、うまく燃える枝だと思ってよい。地面に横たわったカバノキの幹は、樹皮の下が湿って腐ってしまう。これは薪には適さない。それでも、白い樹皮は焚きつけに使える。

★ そのほかの落葉樹

乾燥したナナカマドは、料理をするときの焚きつけや燃料にうってつけだ。乾燥したヤナギも料理に向いている。ヤナギは燃えても煙が出ず、よい匂いがする。欠点は、カバノキなどの重くて硬い木に比べると、ヤナギは燃えるのが早く、おきがあまり残らないことだ。ブナとオークは、発する熱量が大きいことで知られているが、薪には向かない。何よりも、森で乾燥したオークやブナ、カエデやニレを見つけることはほぼ不可能で、これら落葉樹の生木の枝は、薪には不向きだ。ただし例外もある。たとえば、トネリコの生木の薪はよく燃える。

［上］トウヒの小さな木は、下のほうに伸びている細い枝が格好の焚きつけになる。
［左］ヤマナラシは乾燥していればよく燃えるが、生木の場合は水分が多すぎる。
［左ページ上］ナナカマド（左）とヤナギ（右）は乾燥していればよく燃えるが、生木の場合は薪に向かない。
［左ページ下］乾燥したマツの小枝は、よい薪になる。

セイヨウネズは乾燥した小枝もよい燃料になる。乾燥した樹皮のほうは、ほかの火口と一緒に使えば着火にうってつけだ。セイヨウネズの緑の針状の葉もよい燃料になるが、煙が多く出る。

セイヨウヤチヤナギとセイヨウキヌヤナギはよく燃える。とくに細くて乾燥した小枝がよい。

⭐ 生木を薪にする

生木（つまり、生きている木から取った木材）は、落葉樹であっても針葉樹であっても、薪にはほぼ使えない。例外はセイヨウネズ、カバノキ、トネリコだけだ。セイヨウネズは高熱を発してすぐに燃えるが、煙が多い。生木のトネリコもよく燃えるが、ノルウェーの森ではあまり見ない。ノルウェーの山に入ると、見かけるのはもっぱらヨーロッパダケカンバとヒメカンバで、どちらも生木でもよく燃える。セイヨウキヌヤナギやセイヨウヤチヤナギ（Myrica gale）も同様だ。乾燥したトウヒを見つけられないこともよくあるので、こういう情報が大切になる。

⭐ ヨーロッパダケカンバ

ヨーロッパダケカンバは、高木限界近くの河床に沿って生えている。斧を使わなくても集めることができ、ごく細い枝なら木から簡単にもぎ取れ、太めの枝でも、重いナイフで切り取れる。乾いた枝よりも生木の枝のほうが、火が長持ちする。ただし、必要と思われる量よりも少し多めに集めておくほうがよい。生木は乾いた木よりも早く燃えてしまうからだ。

ヨーロッパダケカンバは驚くほどよく燃え、特別なテクニックを使わなくても燃えてくれる。マッチと樹皮とカバノキの小枝の束を使うだけで、小さな火をおこすことができるはずだ。

カバノキでおこした火は、高温のおきが乾いたトウヒやマツよりも多く残る。キャンプファイアで料理をするつもりなら、この点を覚えておくとよい。

⭐ ヒメカンバ

生木のヒメカンバもよく燃えるが、これで火をおこすには忍耐が必要だ。最初の炎が上がったら、ヒメカンバの小枝を1本ずつくべて、火の中心部に空気がたっぷり届くようにする。しかも、小さな火が燃え続けるようにするには、小枝が大量に要る。火をおこす前に、着ている

ジャケットや寝袋のカバーを使って大量の小枝を集めておくとよい。

★ セイヨウヤチヤナギとセイヨウキヌヤナギ

草木のあまり生えていない山では、カバノキの林を長時間苦労して探し回ったあげく、やっと見つけたのがセイヨウヤチヤナギやセイヨウキヌヤナギだった、ということもあるかもしれない。幸い、1杯分のコーヒーを保温したり、袋入りのインスタント食品を調理する湯を沸かしたりするだけなら、それほど多くの燃料が要るわけではない。セイヨウヤチヤナギやセノヨウキヌヤナギがあれば、小さな火をおこすには事足りる。小さな木立や雑木林にはセイヨウヤチヤナギやセイヨウキヌヤナギが紛れていることがよくあり、河床や小さな湖のそば、谷間、日当たりがよくて強風を避けられる丘に生えていることが多い。こうした場所には幹の太い低木がたいていある。セイヨウヤチヤナギやセイヨウキヌヤナギの小枝は手で簡単に折れるが、太めの枝や幹を集めるには、よいハイキング用ナイフが必要だ。

　セイヨウヤチヤナギは、湿地に生えていても、その髄まで湿っていることはまずない。つまり、乾いたセイヨウヤチヤナギやセイヨウキヌヤナギなら、大雨が何日も続いたあとでも見つけることができる。

★ セイヨウネズ

セイヨウネズの木は、何日も雨が続いたあとでも心材が乾いていることが多い。このため、セイヨウヤチヤナギやヒメカンバの代わりにするのに都合がよい。セイヨウネズは山地に生えている低木だが、非常によく燃える。針状の葉も強い炎が立つ。山の高いところでは、森林火災の心配はあまりない。ほとんど木がないところなら、煙も燃える音も気にしなくてよい。一番大事なのは、火を燃やし続けることだ。

★ セイヨウガンコウランとギョリュウモドキ

薪が足りない場合には、ほかにも燃料になるものがある。ギョリュウモドキやヒースは茎が乾燥しているので燃料に使うことができる。セイヨウガンコウランの乾燥した茎は、数センチの長さしかなく、太さも数ミリしかない。それでもなんと、とてもよく燃えてくれる！ 針状の乾いた葉がついた乾燥したセイヨウガンコウランの茂みが運よく見つかったら、勢いよく燃えてくれる燃料が手に入る。セイヨウガンコウランは生木でも火をつけたとたんによく燃えるが、ギョリュウモドキの茂みでは、生木の間に必ず乾燥した木も見つかる。ギョリュウモドキは成長が遅く、茂みが広がるのに時間がかかる。どちらかと言えば、無事成長するようそっとしておいたほうがよい。

セイヨウガンコウラン。

冬でも、森でキャンプしてテントの簡易ベッドで眠るときでも、
生木のカバノキよりも乾いた薪のほうを選ぶとは限らない。

イサク・パルファ(Isak Parfa)

生木のカバノキがなぜ燃えるのか？

生木のカバノキを熱すると、その樹液がぶくぶくと沸騰し、
細い隙間からシューシューと音を立てるが、それでもカバノキは燃える。
たぶんこれは、カバノキの樹液に精油が含まれているためだろう。

★ 火が高温なら、生木のトウヒも燃える

生木のトウヒも燃えるが、あまりよく燃えない。カバノキの樹皮とトウヒの小枝を使ってトウヒを燃やそうとしてもうまくいかないが、ほかの木を使って火を高温に燃え立たせたところに生木のトウヒをくべるのであれば、生木のトウヒも燃える。トウヒが燃え始めるまでには時間がかかるが、火がつくと、パチパチとはじける音が強くなる。

★ 生木のマツは役に立たない

先に述べたように、生木のマツは燃えない。薪としてはまさに最悪だ。生木のマツの枝は石綿のようなもので、外側は焦げるが、強い火にくべても燃えない。このため生木のマツの枝は、冬のキャンプファイアを作るときの土台としては優れている。マツの丸太を置けば、火が雪の中へ沈んでしまうことがないからだ。

★ 中心部が重要

火と炎は強い放射熱を発する。キャンプファイアの赤いおきも、炎が消えているのに特別な熱を放射する。おきは炎とは違う形で熱を放つ。乾燥したマツやトウヒは、たいてい灰しか残らない。だが生木のおきは高温のままで、しかも、とても大きいことがある。高温であっても、おきに生木を追加してくべたところで炎は立たない。その木はヒューヒューと音を立てながら煙を出すだけで、結局はおき火を消してしまうことになる。ただし、生木とおきの間に空気が通るような形で数本の丸太を火の上に置けば、丸太の下と側面からすぐに炎が上がる。

サーミ人のターフハット(芝に包まれた小屋)やテントでは、火のそばに大きな石が数個置いてある。その石に丸太を立てかけ、薪と赤いおきの間に空気が通る隙間を作る。こうすると、薪は内部のガスを放出するのに十分な熱を受け、まずはガスが燃え、次に薪から発火して炎が上がる。

★ 生木を燃やす

生木を使ってキャンプファイアを作るには、もう少しばかり手間がかかる。生木で火を焚くことについては、サーミ人が経験豊富だ。まず、生木の丸太は同じ方向を向くように置く。

ただし、薪を平行に置いて燃やすほうが、煙は少なくなるが、火が消えないように強い熱を保つには、乾燥した細い薪をしょっちゅう火にくべる必要がある。薪が地面から浮くよう、片側に大きな丸太を1本置き、薪全体に下から酸素が供給されるようにする。生木の丸太を割っても時間の無駄にしかならない。割っても割らなくても燃え方は同じだからだ。丸太とおきの間に空気の通り道を確保しておくことを忘れなければよい。

細い薪を十字形に交差させて置いて(クローネスト型の)火を焚くと、薪の間を通る空気が多くなりすぎる。これではかえって炎が消えてしまう。同じ3本の薪でも、平行に置いた薪は長時間よく燃えるが、十字に置いた薪は交差した部分しか燃えない。クローネスト型の焚き火が炎を上げ続けるようにするには、薪の量をかなり増やす必要がある。

生木の薪は、燃えるときに火の粉があまり飛び散らないので、サーミ人のラッヴ(lavvu)のような大型のテントの中で火を焚くのにはうってつけだ。炎が大きくなりすぎることもなく、煙もほとんど出ずに静かに燃える(ただし、葉が多いカバノキの小枝で火を焚こうとすると、こうはならない)。テントの中にファイアピットを作る方法については、サーミ人から学ぶところが多く、その知恵を大型のテントを使う現代のキャンプ旅行に応用することもできる。

ティリエルデン（Tyrielden）
（詩の抜粋）

彼女は長年何度も松の枝を折った、
青い空に向かって枝葉を伸ばしている松を、
──冬の雪の素晴らしい美しさと春の黄金に輝く太陽
それもやがて彼女が冬の嵐で不意に蹴散らしてしまう。

夏の太陽が幹を裂き、
やがて松ヤニが流れ出る、濃厚な良質の松ヤニが
寒い冬の日には
木こりを骨の髄まで温める。

松の心材に感謝
暖かな赤い炎をもたらしてくれることに、
霜と雪の野に
夏のような光を放ってくれることに。

ハンス・ビョルリ（Hans Børli）、『コングスヴィンゲル・アルベイデルブラード（コングスヴィンゲル労働者新聞）（Kongsvinger Arbeiderblad）』紙、1942年2月1日付

キャンプファイアの種類

キャンプファイアは集いの場であり、
光と熱と食べ物と楽しみを与えてくれる場所だ。

> 白人は大きな火を焚いて、遠くに立つ。
> インディアンは小さな火を焚いて、近くに座る。
>
> ——ファースト・ネーションズ（先住民族）の言葉

　この章では、最も一般的なキャンプファイアの作り方と、そのTPOを解説する。どのようなキャンプファイアが可能かは、その時の自然環境によって決まることが多い。その場所に乾いた木材が豊富にあるかどうかも、どのようなキャンプファイアにするかに影響する。高山（薪が少ないところ）では、あまり木材を使わずにすむよう計画しなければならず、風や天候から火を守るようにしたほうがよい。森の中にキャンプを張り、そこをベースキャンプにして数日間過ごすつもりなら、ただ休憩して温かいコーヒーを飲むためだけに火をおこす場合とは違うタイプの火が必要になる。

ハイキングでは、その付近で見つけた薪で簡単な焚き火をするのが一般的だ。ただし、クローネスト型に薪を組んで火をおこそうとするという間違いをする人が多い。先に述べたように、薪を手当たり次第に十字形に積み上げるというクローネスト型にすると、燃料の周りに空気の入りこむ隙間が多くなりすぎ、火がすぐに消えてしまう。薪を平行に並べれば、もっとよく燃える。

まず、トウヒの小枝を手で20～30cmの長さに折る。次に、太めの小枝4本を平らな地面に平行に並べ、土台を作る。その土台の側面のひとつに、大きな丸太を1本置き、1段目となる丸太の端を先の丸太に載せる。こうすれば、1段目の丸太の下に酸素が届き、薪をおきから離しておける。

1段目の丸太の上に、2段目の丸太を直角に置く。この時も丸太が平行になるようにする。そして2段目の丸太の上に、カバノキの樹皮を1枚か2枚とトウヒの焚きつけを置く。このキャンプファイアは上から点火する。火がついたら、そこに小枝をくべ続ける。火が燃えだしたらすぐ、火の側面に丸太を1本ずつ、2段目の丸太と直角になるように置く。こうすれば、火の上に次の丸太の段を直角に重ねていくことができ、火が新たな丸太に覆われて消えてしまうこともない。この方法では、燃料が下からも上からも燃える。丸太を平行に置く形で足していき、火に燃料を与え続けるようにすること。そうすれば、空気が十分に通り、高温の火が長く続く。

❶ 4本か5本の丸太を並べる。その片端は、空気が通るように別の1本の丸太の上に載せる。この1段目の丸太の上に、2段目の丸太を直角に置いて、そこで火を焚く。

❷ 2段目の丸太や枝の上に、2本の太い枝を2段目と直角に置き、その2本の枝の間に焚きつけを載せる。

❸ 上から火をつけ、上の段から下の段へと燃やしていく。

ティピー・キャンプファイアは小枝や細く割った薪をピラミッド形に置いて作る。
下から火をつけて、十分な熱を与えられるようにする。

ティピー・キャンプファイアは、たぶん最も一般的な種類の焚き火だろう。ティピーというアメリカ先住民のテントのような形をしたティピー型の火は、熱も光もたっぷり与えてくれる。

　ティピー型の火にするには、細い乾いた枝と丸太を細く割ったものを円錐形に組む。火口と焚きつけは、木片やカバノキの樹皮、乾いたギョリュウモドキや草をこんもりと小山に盛っておくと、簡単に火がつく。ティピー型の火が十分燃えだすまで待ってから、大きめの丸太を足し、大きな高温の火にする。

　ティピー型のキャンプファイアは、トレイル沿いのキャンプ場や休憩所で大きな火を焚くときに適している。コーヒーケトルを火にかけたり、ホットドッグを焼いたり串焼きをしたりするのにもよい。できればもうひと手間かけ、長い枝3本を束ねて作った三脚を火の上方に設置することをお勧めする。そうすれば、ケトルや鍋をその三脚からつるすことができる（74ページと98ページ参照）。

ツーストーン・クッキングファイアの火は小さめに保つこと。

ツーストーン・クッキングファイア（2点石置きかまど）は、比較的平らで同じような大きさの石2個を縁にした小さな火だ。フライパンを置いて肉や魚を料理したり、鍋を置いて水を沸かしたりスープを温めたりできる。

　小さな火をおこせるだけの間隔を取って2個の石を置けば、石と石の間にフライパンや鍋を置ける。

スリーストーン・クッキングファイアは、石が風から火を守ってくれるので、山を旅するときにはうってつけだ。

スリーストーン・クッキングファイア（3点石置きかまど）は、3個の石で囲んだ小さなキャンプファイアだ。このキャンプファイアならあまり燃料が要らないので、日帰りのキャンプ旅行の場合によく使われる。

　その名のとおり、この火は3個の石を三角形に置く。石の間には、小さな火が焚けるだけの空間を取る。3個の石が熱の拡散を抑え、炎を上向きにする。このタイプの火は、シンプルな料理に向く。石がコンロ代わりになって、ケトルや鍋を置ける。

　コーヒー1杯分の湯を沸かすだけ、1杯分のスープを温めるだけ、自宅から持ってきたトレイル用ランチを温めるだけ、ということなら、スリーストーン型の火はあまり薪が要らない。小さな樹皮1枚と何本かの小枝、トウヒかマツの短い枝が数本ありさえすればよい。むらのない炎が静かに立ち、土台のおきが落ち着き始めたら、ケトルや鍋を置くことができる。必要に応じて、1度に2本か3本の丸太をくべ、火を燃やし続ける。

キーホール・キャンプファイアは、スリーストーン・クッキングファイアと同じ原理に基づくが、こちらのほうは高い壁を作って、風をさえぎるようになっている。キーホール・キャンプファイアの壁は、ふつうU字形かV字形にし、風下側に開口部を作る。そして、石組みの風下側に小さなティピー型の火を焚く。小さな炎から始め、必要なら大きめの枝を火にくべる。

　キーホール型の火で料理をするつもりなら、鍋やケトルを置いたときにぐらつかないよう、高さのそろった壁を作るとよい。ただし強風のときには、料理している場所を囲って守るために、もっと高い壁が別に要るかもしれない。料理の最中に冷たい風から鍋を守りたいと思うだろうから。

スター・キャンプファイアは大きな丸太や太い枝で作り、中央に焚きつけを置く。

スター・キャンプファイアは、石や三脚を作るための長い枝がないときの料理にとても役立つ（98ページ参照）。長い丸太数本を使って作るが、この丸太が燃料となり、フライパンや鍋を支えるものともなる。

　まず、5本か6本の丸太を星の形（放射状）に置く。その星形の中央に、乾いた小枝とカバノキの樹皮を使った火口と焚きつけを積む。丸太の端の表面を斧かナイフで薄く削って「フェザー」を作る（フェザーリングする）と早く燃える。スター・キャンプファイアが赤々と燃えだしたら、丸太の上にフライパンや鍋を置くことができる。燃えている最中は、たえず丸太を火の中央に向けてずらすこと。そうしないと、フライパンの支えがなくなってしまう。

スター・キャンプファイアは三脚を立てれば料理にうってつけだ。

丸太を並べ、焚きつけが上から下へと丸太に引火するようにして火を焚く。
燃えている「ブリッジ」が「ヴァレー・ウォールズ」から下の「リヴァー」の上に落ちる。

リヴァー・アンド・ブリッジ・キャンプファイアは、簡単に始められ、とてもよく燃える。この形の火だと、下に十分な空気が流れ、上の炎が高温になる。

まず、地面に土台となる太い丸太を平行に並べる（これが「リヴァー（川）」）。次に、「リヴァー」の上に太い丸太を2本、「リヴァー」と同じ向きに、十分な間隔を取って置く（これが「ヴァレー・ウォールズ（谷壁）」）。この「ヴァレー・ウォールズ」の間の「リヴァー」の上に火口と焚きつけを積む。そして、焚きつけの上方に、「ヴァレー・ウォールズ」を支えにして「ブリッジ（橋）」をかける。この「ブリッジ」の上に、乾いた丸太をさらに並べてもよい。

最初に「ブリッジ」が燃え、それによって「ブリッジ」の上の丸太にも引火する。燃えた「ブリッジ」は、下の「リヴァー・ヴァレー（谷間）」に落下し、次に「リヴァー」がゆっくりと燃え始める。この方法では、焚きつけに下からは十分な空気が、上からは最適な熱と炎が与えられる。このキャンプファイアはよく燃え、煙がほとんど出ない。多くの熱が加わるので、下と両脇にある太い丸太も燃えやすい。

ログ・キャビン・キャンプファイアは、キャンプ場や料理に最適だ。四角形に組んだログ・キャビン（丸太小屋）の形に似ており、丸太や枝を下の段の木と直角に重ねていく。

このタイプは簡単に作れる。まず、丸太か太い枝を2本、20cmか30cm離して地面に平行に置く。その上に別の丸太を2本、下の丸太と直角に置くが、この時、ログ・キャビンのように中央に空間を作るようにする。そしてキャビンの中央に、火口、カバノキの樹皮などの焚きつけを置く。樹皮の周囲に火口の木片を置き、焚きつけを小さなティピー型に組む。焚きつけに火がついたら、乾いた小枝や木片をくべ続け、その後、丸太をまた平行に置いて、これを2層か3層重ね、「キャビンの壁」を作る。壁をこうして組み立てると、酸素を火の中心部に届けることができる。小枝や大きめの丸太を火にくべ続けること。

ログ・キャビン・キャンプファイアは、高温で燃えるが、燃料がたくさん要る。それでも、秋冬にはうってつけの熱源・光源になる。しかもゆっくり燃えるので、ぬれた薪や湿った薪を使う場合には、この方法がよい。下のほうの段に湿った薪を使えば、火が下まで到達する間に、湿った薪も乾いてくれる。

ログ・キャビン型の火は料理にちょうどよい。大きな鍋に入れた水やスープでも、かなり早く沸騰する。キャビンの壁の部分にケトルを置いてもよいし、三脚を使って炎の上にケトルをつるすこともできる。

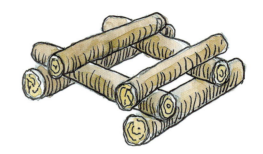

この火は2本の頑丈な丸太を土台にし、丸太を重ねて作る。丸太を載せるときには、下の丸太と直角になるように置く。

リーン・トゥ・ファイアは大きな丸太か木の幹にもたせかけて作る。

リーン・トゥ（差し掛け式）・キャンプファイアは、とても大きな丸太があればうまくいく。このタイプの火はゆっくりと燃えるので、夜間、睡眠中に焚いておくにはぴったりの火だ。

この火を作るには、大きな丸太か木の幹に、数本の枝をもたせかけて置く。まず丸太の隣で、細い小枝に小さな火をつける。この焚きつけが燃えだしたら、あとはもう、炎の上に薪をもたせかせていくだけだ。挿絵のように、薪の端を大きな丸太に載せ、扇型に置いていく。大きな丸太が燃え始めたら、丸太の向こう側に同じ手順でふたつ目のリーン・トゥを作ってもよい。

ハンターズ・ファイアは木の幹か大きな丸太を2本使って作る。

トレンチ・キャンプファイアは、ハンターズ（猟師の）・キャンプファイアとも呼ばれる、2本の大きな丸太の間で火を焚くだけという方法だ。火が丸太全体に回るので、料理したり足を温めたりするのにとてもよい。

まず、2本の丸太を並べて置く。この2本の丸太の間の細長いトレンチ（くぼみ）で火をおこすが、この時、火をおこすのに使う小枝が丸太に寄りかかるようにする。トレンチが風から火を守ってくれるので、小枝の下に置いたファットウッドの木片や樹皮にマッチで火をつけるときも、マッチが消えてしまうことはない。乾いた細い小枝を互いにもたせかけ合うようにしてトレンチに置けば、丸太にも着火する。薪はすぐに燃えてしまうので、火が燃えているうちに薪をくべることができるよう、十分な量の薪を手元に置いておくほうがよい。トレンチの壁（丸太）が燃えだしたら、それほど薪を足さなくても、火は燃え続けてくれる。

この丸太は、鍋やフライパンを置くのにうってつけの台になる。そのため、ハンターはフライパンで肉や魚を料理するときにはこのタイプの火を好む。小さな火でかまわないのなら、小さめの丸太を使えばよい。

V字形キャンプファイアまたは**プラウ・キャンプファイア**は、大きな丸太か幹を2本使って作る。プラウ型の火は、少人数のハイキングで、火を使った基本的な料理をするのに使うことが多い。

まず、2本の丸太をV字形に置く。この時、開いている側が風上になるようにする。大きな火が必要なら、大きな丸太を使うほうがよいが、この「プラウ(鋤)」は小さな丸太や枝でも作れる。とにかく、丸太や枝をV字形に置くこと。そして、V字のとがった側で火をおこす(小さなティピー型の火がよい)。火がついたら、広がった側から細い薪を火にくべる。このV字形に置いた2本の頑丈な丸太の上に、生木の太い枝を2本か3本置けば、「料理用グリル」になる。生木の枝がフライパンや鍋を置く台になるので、枝が燃えてしまわないよう注意しよう。

煙を避けるため、V字形の開いた側に座る。こちら側のほうが、放射熱も強く感じられる。開いた側の広げる幅を変えれば、空気の流れと熱の強さを調節できる。この火は、トウヒかマツの太い丸太を使うほうが長く燃える。丸太が大きければ大きいほど、座っている側や眠っている場所に向かって多くの熱を反射する。

プラウ・キャンプファイアを焚くには、大きな丸太か木の幹を2本使ってV字形を作る。焚きつけと燃料は丸太の間に置く。

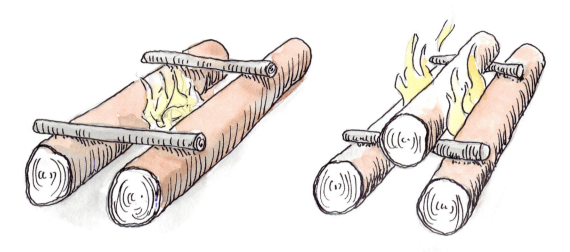

フィニッシュ・ギャップ・ファイアは2本の大きな丸太を使う。
丸太の間でたいた火が、丸太の長さだけ燃え広がる。
着火したら、3本目の丸太を上に置くだけだ。この時、先の2本の丸太の両端に、
2本の枝を丸太に橋渡しするように置き、その枝の上に3本目の丸太を載せる。

フィニッシュ（フィンランド式）・ギャップ・ファイア（ラコヴァルケア rakovalkea）は、木こりが使う伝統的な方法だ。マツかトウヒの太くて長い乾燥した丸太が要る。この火は非常にゆっくりと燃え、いつまでも熱い。差し掛け小屋の中や星空の下で眠るキャンプの夜間の火にうってつけだ。

　マツかトウヒの乾燥した長い丸太か幹を使う。まず、2本の丸太を地面に置く。2本の間には、丸太1本分の間隔を取るようにする。この2本の丸太の間で、よい火がつくように燃えやすい枝を使って小さな火を焚く。その火が赤々と燃え、丸太も燃えだしたら、丸太の両端に2本の大きな枝を置くが、その枝は、丸太と丸太の間のギャップ（隙間）に橋を架けるように丸太と直角に置く。

　その2本の枝の上に、もう1本、長い丸太を置く。丸太側に縦に切り込みを入れ、その切り込みがある部分を下にして置くとよい。こうすると、炎が丸太に食い込みやすくなる。丸太が長ければ長いほど、丸太は高温になって長く燃える。この「木こりのキャンプファイア」は、しょっちゅう薪をくべる必要がないので、睡眠中に焚いておく火に適している。

スウェディッシュ（スウェーデン式）・ファイアトーチまたは**カナディアン・キャンドル**は、太い丸太を立てて置き、丸太の木口面に深い切り込みを入れただけのものだ。その切り込みに火口と焚きつけを詰め込む。火をつけると、その火口と焚きつけの火が丸太に引火し、丸太が上から下へとゆっくり燃えていく。この火は、熱と光を発するが、土台が堅固なので、平らな冷却面も提供してくれる。

スウェディッシュ・ファイアトーチは、長さが約40cm、幅が約20cmかもう少しある太い丸太で作る。丸太の木口面にノコギリで深い切り込みを入れ、その切り込みに、丸太に着火しやすいようパラフィンかナフサかライター用オイルに浸した焚きつけを詰める。この火は、下に向かって燃えながら、ゆっくりと丸太に食い込んでいく。そのため、料理をするときの温度を一定に保てる。しかも、地面や雪の上に近い根元側の太い部分は冷たいままなので、料理用ストーブ代わりにうってつけだ。上が平らな面になっているから、フライパンや鍋をうまく支えてくれる。

フィンランドの兵士たちは、ソ連と戦った冬戦争（1939年～1940年）のとき、この丸太を料理用ストーブとして使った。布きれをパラフィンに浸してから切り込みに押し込んで、いわゆる「フィニッシュ・ストーブ」が着火しやすくなるようにしていた。

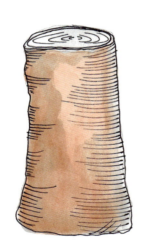 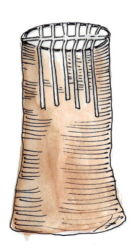 

太い丸太1本が、火のついたコンロになる。丸太の木口面に深い切り込みを入れるだけだ。切り込みに火がついたら、その火が乾いた丸太を上から下へと燃やしていく。

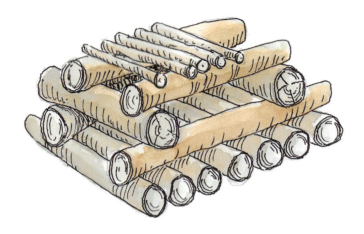

プラットホーム・キャンプファイアはハイキング・ファイアとログ・キャビン・キャンプファイアを組み合わせたものだ。
生木の薪を使って、土台となる頑丈な壁や「ラフト」を作る。
このウィンター・ファイアは赤々と燃えても、雪の中に沈んでしまうことがない。

プラットホーム・キャンプファイアは、冬には最高のキャンプファイアだと考える人が多い。これは別名**ウィンター・キャンプファイア**ともいう。丸太や枝で堅固なプラットホーム（台）を作り、溶けていく雪に火が沈んでしまわないようにしてあるからだ。

　最初に雪を取り除いて、地面の上にキャンプファイアを作りたいと思うなら、そうしてもかまわないし、そうせずに、雪の上にプラットホームを組んでもよい（雪が十分に硬ければ）。プラットホームを組むには、まず、地面の上に丸太でラフト（いかだ）を作る。丸太を隙間なく並べたら、その上に、2段目の丸太を1段目と直角に置いて重ねる。この時の2段目の丸太は、生木や湿った丸太を使うほうがよいと考える人もいる。そのほうが、火がゆっくりと下に向かい、ラフトが雪に沈むのが遅くなるからだ。

　ほかのキャンプファイアの大半とは違い、このプラットホーム型の火は上から着火する。一番簡単な着火方法は、上で小さなログ・キャビン型の火を焚くことだ。ログ・キャビンが燃えだしたら、その火が下の薪の層にゆっくりと燃え移っていく。プラットホーム型の火は薪を追加してくべる必要がほとんどない。

　少しばかり慎重で、火から目を離さない人なら、燃えているおき火に鍋を置いてもよい。ただし、丸太が燃えている最中は、鍋のすわりが悪くなるので注意しよう。

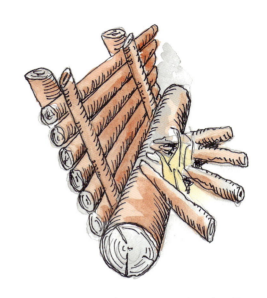

リフレクターウォールを立てたリーン・トゥ・キャンプファイア。

リフレクター・キャンプファイアは、火の近くに座ったり眠ったりしている人に放射熱を与えてくれる。常設のキャンプ場でキャンプファイアを焚くとき、もっと暖かくしたいと思ったら、このリフレクターウォール（反射壁）がほとんどのタイプのキャンプファイアに応用できる。

これは火の放射熱を効果的に利用できる方法だ。つまりは、大きな岩か丸太の壁を使って、火の発する熱を近くにいる人の方向に反射する。ただし、リフレクターの丸太に引火しないよう気をつけよう。そのためには、乾燥していない生木の丸太を使うのが一番だ。生木ならば、万が一炎が丸太の壁に沿って舞い上がっても、丸太は燃えない。

焚き火そのものは、いろいろな形で作ってかまわない。リフレクターは焚き火そのものではなく、熱を反射する壁のことを言う。この反射熱は非常に強いので、魚を焼くこともできる。

セヴンストーン・オーブンは、石を7個以上使って、上にオーブンがある燃焼室を作ったものだ。パン焼き窯によく似たオーブンだが、こちらのオーブンは肉や魚を焼くためにある。

石は7個以上使いたければ使ってもかまわないが、7個より少なくすることはめったにない。要は、パン焼き窯を作る。平らな大きい石を使うとよい。このオーブンは2階建てで、1階部分で火を焚き、2階部分がオーブンになる。

まず、2階建ての燃焼室を作るための平らな石を何個か用意する。1階部分も2階部分も両脇に壁を作り、1階と2階は平らな大きい石で区切る。この平らな石が2階部分の床になる。床は薄ければ薄いほど早く熱くなる。この床にじかに食べ物を置いて焼くこともできる。そして、床の両脇に2個の石を置き、そこに平らな石を載せてオーブンの屋根にすれば、屋根と壁が発する熱も、反射して食材に向かう。屋根も温かいので、その上でコーヒーや食べ物を保温することもできる。屋根の上で小さな火を焚きたいと思ったら、それも可能だ。その場合は、熱が上からも下からもかかって、本物のパン焼き窯そっくりになる。

セヴンストーン・オーブンは平らな石を使って作る。

❶ まず、2個の石に1個の平らな石を積む。平らな石の上に、別の石2個を載せる。

❷ 続いて、もう1個平らな石を使ってオーブンの屋根を作る。次に、また別の平らな石1個を使ってオーブンの後ろの壁にする。

❸ 下の燃焼室で火を焚く。

火のある場所

いつの時代も、人間は火に引き寄せられる。
火には不思議な魅力がある。
何千年も前から、火のそばは自然と人が集まる場所だった。
食事を作るには火が必要だったし、
火の周りに集まって体を温めたり、
民族の物語に耳を傾けたりした。
今ではもう、炉辺が家庭の中心ということはないが、
それでも、私たちは炉の光と炎に引き寄せられる。
たとえその火が、現代的な暖炉の前面ガラスの向こうで燃えていても。

★ キャンプファイア

人間が少人数の集団であちこち移動しながら暮らしていた1万年以上前から、いつの時代もキャンプファイアは最も基本的な火だった。

考古学者によると、最初はファイアピット（火を焚くための穴）で火を焚いていたという。その痕跡は黒焦げになった地面だけだが、それよりも少しだけ複雑な構造の、周囲を石で囲んだ穴も発見されている。火の回りを石で囲めば、その周辺におきが飛んだり、炎が暴れて燃え広がったりするのを防ぐことができる。しかも石は熱を吸収するので、火が消えてからもしばらくは熱を持つ。

実のところ、こうした火は、熱源としては非常に効果的とは言えないものだった。キャンプファイアで体を温めようとしても、火のほうに向いている側しか温まらない。それでも遊牧民にとっては、キャンプファイアは宝物だ。すばやく薪を積み上げて、その火が赤々と燃えだせば待望の光と熱を与えてくれる。

★ 暖かな集いの場

人間が自然と火に引き寄せられるのは、実用的な理由もあれば、感情的・精神的な欲求を満たすためでもある。火は人間を温め続けた。火があったから、神に犠牲をさ

［右］ターフハットやテントでは、火の粉が飛ばない薪が最適だ。トウヒやマツを使ってはいけない。生木のカバノキが一番よい。

さげたり、死者を火葬にしたり、罪人を罰したりできた。

　火のそばは、食事の場であり、物語を語ったり歌を歌ったりする場所でもあった。炎の放つ光の中で、知識や経験が代々受け継がれた。今はもう、私たちが住む世界では、精神的・実用的な必要を満たすために火を使うことはないが、それでも、キャンプファイアであろうとボンファイアであろうと、炉であろうと、鋼鉄とガラスでできた現代的な暖炉であろうと、集いの場では火の不思議な力に頼る。

★ テントやターフハットや家の中で焚く裸火

旧石器時代（紀元前1万年〜4000年）、人間は狩猟採集生活を送っていた。そういう生活では、たえずあちこちを移動することになる。ただし、気候が今よりかなり温暖だったので、動物の皮で作ったテントや質素なターフハット（芝に包まれた小屋）でも十分に身を守ることができた。遊牧民は決まったルートを移動しては同じ場所に戻ることが多かった。そのキャンプやテントはすばやく組み立てられるようになっていた。必要なのは、頭の上に屋根があり、火をおこせることだけだった。

　ノルウェーのハルダンゲル氷河から少し南東に行ったところのスムタンゲンには、旧石器時代にトナカイを狩っていた人々の遺跡がある。ここはノルウェー最古の住居跡だと考えられている。放射性炭素年代測定法によって、この住居が8000年前に使われていたものだと判明したのだ。その壁はターフ（芝）などの草で覆われていたらしく、動物の皮も使われていたようだ。床は円形で、中央にファイアピット（火を焚くための穴）があった。

ロフォーテン諸島のボルグに再現されたロングハウス。

　同様のターフハット（ガンメ[gamme]）やテントの痕跡は、ノルウェーのフィンマルク県のガンヴィクでも、海の近くの尾根で発見されている。ほかにも同様の集落がトロムス県とフィンマルク県にいくつかあり、どの住居にも、円形に並べた石で囲ったファイアピットがあった。

　サーミ人の古老の話では、こうした伝統は現在まで代々受け継がれており、今もまだこうしたファイアピットを使っているという。毎年毎年、円形に並べた石を目印にして、自分たちの集落に戻るのだ。また、そうした原始的な集落の多くでは、ファイアピットの周囲にテント用の支柱も立っていた。これを使ってテントを張り、火を焚く用意をし、巻いてあった動物の皮を広げて平らにした。

　青銅器時代と鉄器時代（紀元前1500年〜紀元1030年）になると、そうした集落も多少、定住型になった。この時代の大きな農家のことを考古学では「ロングハウス」と言う。その名のとおり、こうした家屋は場合によっては50mもの長さがあった。北欧で発見された最大のロングハウスは、ノルウェーのロフォーテン諸島のヴェストヴォーゴイという島にあった家だ。長さが83m、幅が8mで、内部に多くの部屋があった。ロングハウスの一方の端には家畜用の空間があり、各種の貯蔵室も備えていた。そして、族長のホールであるメインルームを中心に、大きな居住空間が広がっていた。族長のメインホールは、中央にファイアピットがあり、これが屋内の照明でもあり暖房装置でもあった。また、ファイアピットは台所の役目も果たした。ファイアピットの上方の屋根には、煙を屋外に排出するための穴が開いていた。このファイアピットが、村人たちの集う場所だった。屋内で行う活動は、大半がここで行われた。

　青銅器時代からヴァイキング時代までは、常にファイアピットがロングハウスの中心だった。ファイアピット

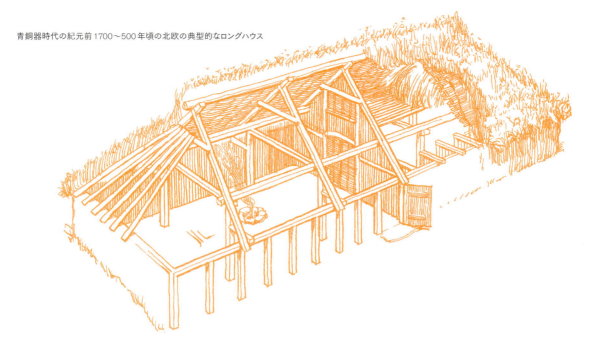

青銅器時代の紀元前1700〜500年頃の北欧の典型的なロングハウス

のデザインはさまざまに変化したが、変わらなかった点もある。薪をできるだけ多く使って、火が消えたあとも熱を発するようにするため、ファイアピットを石で作っていたことだ。煙の排出口を閉じることができれば、それだけ長く熱がメインルームに残る。多くの場合、ファイアピットは平らな石を床に置いてあるだけのものだったが、もっと進化した台所の跡も発見されている。今のパン焼き窯に似た燃焼室も備えた台所だ。

床の炉には煙突がなかった。北欧ではこの形が一般的だったが、中世末期(紀元1550年頃)になると、石の炉を地面から持ち上げて置くようになった。このいわゆる「スモーク・キッチン」は、1日に2回か3回着火するだけでよかったので、あまり薪を使わずにすんだ。炉の石が何時間も熱いままだからだ。ふつう、スモーク・キッチンは部屋の隅に作られ、モルタル代わりに粘土が使われた。広い開口部が部屋のほうを向いており、まだ煙突がなかった

ため、煙は屋根の排煙口から屋外へ出した。火は1日に2回か3回つけるだけだったが、着火のたびに大量の薪をくべた。そして火が消えてしまっても、まだ熱いおきを使って食事の用意をすることができた。また、この炉は大量の熱を蓄えて、一日中部屋を暖めておくこともできた。やがて19世紀になると、こうした覆いのない炉に代わって、煙突のある暖炉や、煙突の付いた鋳鉄製ストーブが使われるようになった。

★ 炉、暖炉、ストーブ

一般に、炉は台所で料理をするために使われるが、暖炉は台所以外の部屋にある。

スモーク・ベイ、煙突、組み合わせ煙突、タイル張りストーブ。このどれもが、火と熱を操って、煙を屋外に排出するためのものだ。煙突のおかげで、平屋ではない2階建て以上の家屋を建てることができるようになった。

北欧の炉

　最も簡素な炉はファイアピットで、部屋の中央の地面の上に、平たい石を四角形に並べてある。燃焼室が石で囲われ、床から持ち上げられたら、ファイアピットが炉となる（ローマ時代以後）。大半のファイアピットの内側には石はなく、ピットの灰を片付けるには、地面の土を掘り起こすだけですんだ。昔のファイアピットと炉の煙は、屋根にある穴から出ていった。

　このようなコテージでは、生き物も生鮮食品も、火のもたらす光と暖かさから離れないようになっていた。ベンチも近くにあり、長い壁に沿って置かれたベンチの中央が上座だった。客人がどれほど重要な人物であるかは、その客人がどれほど炉に近いかで知ることができた。眠るときも、最上の場所は火に最も近いところだった。家庭とかまどの女神ウェスタが何もかも支配していた。死者でさえ、炉の周りを3周運ばれてから埋葬された。

トゥルルス・ルン（Troels Lund）、『16世紀の北欧の日常生活（Daily Life in Scandinavia in the 16th Century）』より

［左ページ］アドルフ・ティデマン作、油彩画『告別（Taking Leave）』。『人々の暮らしの情景（Norsk Folkelivsbilleder）』1858年版所収のリトグラフによる複製。この絵に描かれているのは典型的なノルウェーのコテージで、炉の上に煙突がない。煙は屋根にある穴から出ていく。

直火の料理

人類は進化の初期段階で、火が料理に役立つことを知った。
人類初の台所はキャンプファイアだった。

たいていの人は、直火の料理と聞くとキャンプを連想するが、実は自宅の庭でも、夏の海辺のキャビンでも、冬の森のコテージでも、「食」と火を同時に楽しむことができる。

★ アウトドアのキッチンとしてのキャンプファイア

木炭バーベキューグリルは、薪で火をおこすようには作られていない。だが、アウトドア・ファイアプレイス（屋外用の暖炉・焚き火台）なら、大量の薪を使って焼けた炭をたくさん作れる。アウトドア・ファイアプレイスが料理にも遊びにも最高なのはこのためだ。

　ファイアプレイスはレンガや石で手作りしてもよいし、薪で料理するよう設計された屋外用キッチンを購入することもできる。ただし、ファイアピット（焚き火台）や屋外用キッチンを設置するのに許可が必要かどうかを確認すること。そして火を焚く前に、近隣住民から了解を得ておかなければならない。キッチンの場所によっては、煙やにおいが近所迷惑になることもある。

　庭にファイアピットを設置しようとするなら、屋外用キッチンの場合よりも広い空間が要る。ファイアピットの位置は、隣家の敷地から4m以上離さなければならず、ほかの建物や植物からも距離を取る必要がある。また、ファイアピットは石や砂や砂利でしっかりと土台を作り、石やレンガで囲うこと。大きな火でも大丈夫なよう大きめに作る。

　屋外用キッチンやファイアピットの代わりに、ファイアパンを使うのもよい。ファイアパンは専門店に行けば、形もサイズも豊富にある。製品によっては、焼き網やファイアスクリーン（ついたて）も付属している。持ち運びができ、庭でもキャビンの近くでも、どこにでも設置

［左上］ファイアパン。
［左下］石で囲んだ庭のファイアピット。

できる。旅行やハイキングに持参することも可能だ。ただし、荷物が重くなりすぎる場合や、遠くまで歩くつもりならば、持って行かないほうがよい。

　ファイアパンを使えば、火と薪を地面から離しておけるが、それでもファイアパンはキャンプファイアと同じように扱うこと。

★ 炎で？　それともおき火で？

料理は、炎の熱でも、おき火の放射熱でもできるし、熱い炭の上にじかに食材を置いてもよい。直火ならば、食材の表面だけを焼いて、内側を生のままにしておくこともできる。炎やおき火の放射熱を使うと、食材の内側にも外側にも熱が通る。これが最高の仕上がりを生む。

　火のそばでする料理で一番簡単なのは、ホットドッグや肉を串に刺して、炎の放射熱であぶることだ。だが、熱いおき火に焼き網を置いて焼くという方法に勝るものはない。食材をアルミホイルに包んで、おき火に直接置くこともできる。

串焼きと鍋を使った料理

イングランド南部で考古学者が行った発掘調査で、石の斧や動物の骨や木炭が出土した。人間が大昔から食べ物を火で熱していたことは、科学的に明らかになっている。「ホモ・サピエンス」の出現以前、はるか紀元前30万年のことらしい。そのころの人間は、食べ物を串に刺し、直火や木炭で焼いていたようだ。しかし、料理法と言えるものが登場したのは、ずっと後になってからのことだった。そのためにはまず、鍋を発明しなければならなかった。歴史学者によると、調理に使った最古の鍋は、1万3000年前の粘土製の素焼きの鍋だという。その鍋は日本で発見されたもので、湯を沸かしたり食べ物を熱したりするのに使われた。

料理をするには、まずは食材をフライパンや鍋やケトルなどに入れなければならない。
そして次には、そのフライパンや鍋を火の上にかざす方法を見つける必要がある。

★ 二股の枝に横棒を渡す（物干しざお型）

生きている落葉樹からY字形に枝分かれした枝を2本見つけ出し、その枝を1本ずつファイアピットの両側の地面にしっかりと突き立てる。その2本の枝の間に、頑丈な生木の枝を渡す。小さな鍋をつるしても大丈夫なほど強い枝を横棒にすること。

★ スピット・キッチン

岩場でキャンプをして、地面に枝を立てることができない場合には、別の方法を考えねばならないかもしれない。そのひとつが、頑丈な枝を火の上にかかげ、石で固定するという方法だ。枝（スピット）の中央を石の上に載せ、鍋が炎から適度に離れるように鍋を持ち上げる。そして、スピットの地面に接している側に重い石を置いて重しにし、スピットを固定する。鍋の重さに十分耐えられる丈夫なスピットを使うこと。炎のすぐ上につるせば、大きな火でなくても水が沸騰する。

二股の枝に横棒を渡す。

石を支えにしたスピット・キッチン。

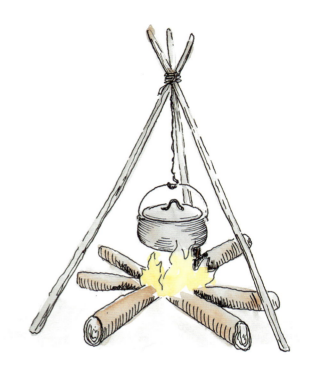

★ ストーン・ストーブ（石のかまど）

同サイズの大きな石2個を火の両側に置き、2個の石を支えにして鍋を置き火にかける。もう1個の石を2個の石の向こう側に立て、後ろに壁を作る。3個目の石は、先の石よりも少し大きめの平らな石にする。後ろの壁にするだけでなく、風をさえぎるのにも役立つからだ。火の大きさは、炎が鍋に触れるような大きさにする。炎が鍋に当たっていれば、鍋の中の食材が早く熱せられる。

★ アース・オーブン（土窯）

木の枝も石も見つからない場合には、地面に穴を掘るだけという方法もある。その穴の中や周囲に乾いた薪を置いて火をつけ、熱い炭に鍋を埋める。湯を沸かすだけならそれほど時間はかからない。

★ 料理用三脚

カバノキかヤナギ、あるいはヤマナラシ、ナナカマドのまっすぐで丈夫な枝を3本用意し、枝の一方の端に近いところで3本を束ね、それをティピーのような形で立てる。頑丈な三脚になるよう、枝をしっかりと束ねること。三脚はキャンプファイアの上に鍋や焼き網をつるすのに最適の方法だ。ロープを使うと燃えてしまうかもしれないので、ワイヤロープ（または片端にフックの付いたチェーン）を2、3m持参し、そのワイヤかチェーンで鍋を火の上につるすようにする。

★ ピット・オーブン（穴の窯）

ピット・オーブンは石器時代からあちこちで使われていた。ピット・オーブンでは、地面に穴を掘り、その穴の中で焼けた石を利用して食べ物を加熱する。単純な方法だが、これで肉を焼くと、柔らかく焼け実においしい。ただし、いくらか時間がかかる。

まず、地面に穴を掘る。その穴の壁に石を敷き詰め、穴の中で大きな火を焚く。火が燃え尽きるまでおいておき、燃えて真っ赤になっている炭だけを穴の中に残す。敷き詰めた石も非常に熱くなっているので、その石で数時間かけて食材を焼くこともできる。石が大きければ大きいほど、火も高温になり、石の熱が冷めるまでの時間も長くなる。先に熱いおきを穴から取り出してから、穴に食材を入れる人が多い。穴の中に残ったすすや木炭が食材に付着しないようにする必要があるかもしれない。食材が汚れないようにするには、食材をクッキングシートや耐油紙で包んでから、さらにアルミホイルで包めばよい。

次に、食材の周囲と上に、熱く焼けた石を置き、湿ったターフ（芝）や小枝、干し草や土を穴にかぶせる。石の熱が食材を焼き、オーブンの周囲の土が断熱材の役目をする。ピット・オーブンは十分に高温になるので、大きな魚や肉のかたまりでも数時間かければ焼くことができる。

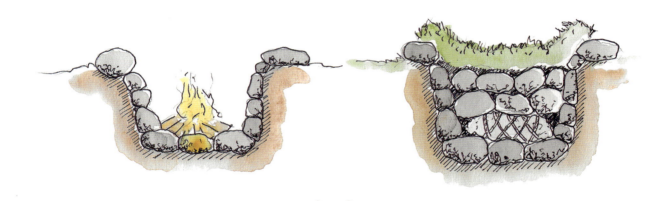

ピット・オーブン

ピット・オーブンは石器時代（紀元前1万年）からあちこちにあり、食事を作ったり、魚から油を抽出したり、クジラやアザラシの脂肪を煮たり、動物の皮を処理したりするのに使われた。時代が下ると、ピット・オーブンは陶器作りの工程で粘土を焼くのにも使われるようになった。

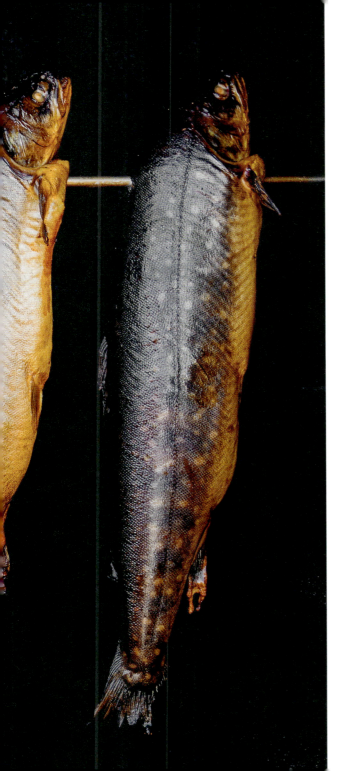

⭐ 肉や魚を燻製にする

燻製は石器時代から食べ物を保存する方法のひとつだった。煙が充満した密閉空間に肉や魚をつるせば燻製にすることができ、保存がきくようになる。燻製の作り方には冷燻、熱燻、温燻があり、それぞれ違いがある。冷燻は、27℃の煙が必要だが、ただいぶすだけだ。熱燻には、65℃以上の煙が必要で、燻煙の最中に肉や魚を加熱調理することになる。温燻はこれらの中間の加工方法で、約40℃から50℃で肉や魚をいぶして保存がきくように加工する。

［左］ホッキョクイワナの冷燻。

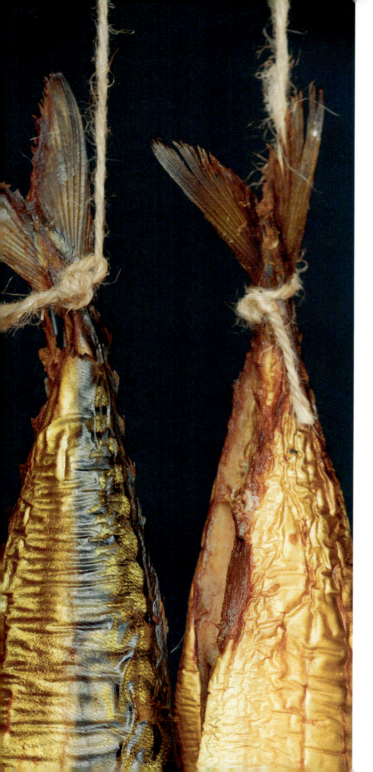

★ 魚の冷燻

淡水魚を燻製にする方法なら冷燻が最も一般的だ。燻煙する前に、魚の内臓を取り除き、水で十分に洗ってきれいにしてから、魚に塩をすり込む。魚を塩に漬けてしばらく置き、塩を洗い流す。そして乾燥させた後、スモーカー（燻製器）の中につるす。

　燻煙中に、魚の表面にタンパク質の薄い被膜ができ、この被膜が細菌を死滅させ、魚を雑菌から守る。この加工と塩の働きのおかげで、魚が低温で乾燥した状態に保たれている限り、数週間保存して食べられる。魚の大きさによって、冷燻には数時間から数日かかる。

★ 熱燻

熱燻を行うには、まず、スモーカーの温度を65℃にする。そこまでの高温にするには、スモーカーや燻煙室の気密性を高くしなければならないが、この方法はとても簡単だ。スモーカーはいろいろなタイプが販売されており、燻煙材のウッドチップも袋入りのものを買える。こうしたスモーカーはじかに火にかけることができ、ウッドチップから煙が出る。

　熱燻では、魚を蒸しながらいぶすことになる。小さな切り身なら数分で完成する。大きめの切り身や丸身の魚はもう少し時間が要るが、30分以上かかることはめったにない。ウッドチップは適切な量にとどめ、大量に使いすぎないようにすること。試してみればわかるが、最初はチップを薄く敷く程度にするほうがよい。セイヨウネズやオーク、ヤマナラシ、セイヨウヤチヤナギの木を使って自前のウッドチップを作ることもできる。

［左］サバの冷燻。

ふたつきの容器に魚を入れ、キャンプファイアで熱燻しているところ。
アウトドア愛好者にはABU（アブ）スモーカーが有名だ。この写真の道具の仕組みもABUスモーカーと同じ原理。

★ 燻煙前の塩漬け

魚は塩漬けにしてから煙でいぶすこと。風味を増し、燻煙の効果を高めるためだ。熱燻をするつもりなら塩は少なめ、冷燻なら塩を多めにする。魚は新鮮なものか、冷凍庫から取り出したばかりのものを使う。きちんと内臓を取り除き、きれいに水洗いしてから塩をまぶし、塩水に漬ける。

小さな魚であれば、塩をすり込んで塩水に30分漬けておくだけですむ。500g以上ある魚の場合は、塩水に2、3時間漬ける。もっと大きければ、一晩漬けるほうがよい。大きなサケの切り身を使うなら、塩漬けに24時間以上かけるべきだ。いずれにしても、塩が魚の骨まで浸透する必要がある。

マスやサケなど脂肪分の多い魚は、塩が浸透するのに比較的時間がかかるため、そうした魚は必ず切り身にしてから燻煙すること。燻煙の前に、魚を塩抜きし、適切に乾燥させるのを忘れないように。そうすることで煙の効果が高まる。スモーカーにつるすか置くかする前に、魚の腹をきれいに水洗いしておくほうがよい。

★ウィルダネス・スモーカー（原野に作ったスモーカー）

森林や山岳地帯や渓谷を旅していると、自然の中で深い溝に出くわすことがよくある。とくに、ノルウェーのフェンムンマルカ国立公園の辺りに多い。条件が整っている場所だからだろう。川に沿って、傾斜した氷堆石の尾根が連なっている。昔の遊牧民は行き当たりばったりにスモーカーを作っていたわけではない。毎年毎年戻ってこられる場所を選んでいた。フェンムンマルカはそうした場所の典型だ。キャンプの近くにスモーカーを作れば、その日の獲物をもっと楽しめる。冷燻は、魚に独特の風味が加わるうえ、保存方法としても素晴らしい。

性能のよいスモーカーを作るには、さらさらした土や砂の緩やかな斜面が最適だ。

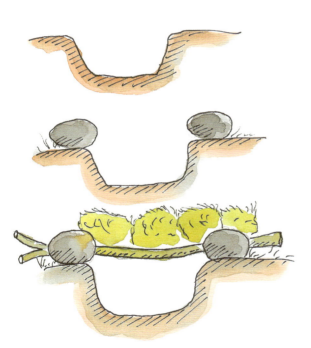

ウィルダネス・スモーカーの断面。枝とターフの下がスモークダクト（煙道）。

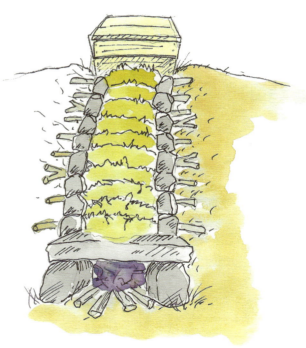

斜面に作ったスモーカー。
斜面の下で火を焚き、上にスモークボックス（燻煙箱）がある。

冷燻用ウィルダネス・スモーカーの作り方

スモーカーは3つの部分から成り立つ。燃焼室、スモークダクト（煙道）、スモークボックス（燻煙箱）だ。設置する場所は、砂地か土の丘の斜面を選ぶ。登るときに足が滑ってしまうほどの急斜面ではないところにすること。まず、斜面の下にファイアピットを作る。手持ちの古い金属製オーブンに扉が付いているなら、そのオーブンを利用してもよい。そうでなければ、アース・オーブン（土窯）を掘る。穴に石を敷き詰め、穴の開口部に平らな大きい石を置いて、空気の流れを調節できるようにする。ファイアピットの場所は、そこから約5〜6mの長さの溝を掘ることができるところにしよう。

次に、少なくとも15〜20cmの深さがある溝を掘る。この溝がスモークダクトになって、燃焼室からスモークボックスまで煙を送る。伝統的なスモークダクトは地面に石を敷いただけの溝だが、木材やコケなどほかの自然の材料を使ってもよい。伝統的なスモークダクトを作るには、まず、ダクトの側面に、握りこぶし大の石を隙間がないようにぎっしり敷き詰める。ダクトの上方は、一番上に置いた石の上に、ダクトを横断するように小枝を置く。その小枝にターフやコケをかぶせ、スモークダクトの気密性をできるだけ高める。

火からスモークボックスまでの距離で、燻煙の温度が決まる。冷燻ならば、4m以上にすること。可能ならもっと長くするほうがよい（たとえば10m）。石を敷き詰めた伝統的なダクトの利点のひとつは、土が煙をかなり早く冷却してくれることだ。ただし今では、コンクリート管や古いストーブの煙突を地面に埋めてスモークダクトに使う人が多い。

最後に、ダクトの頂上にスモークボックスを置く。スモークボックスは平らな石や敷石用板石を使って作ることもできるが、梱包用の木箱を利用してもよい。内部に魚を置いたりつるしたりできるだけの大きさが必要だ。内部の空間に煙が充満することになる。煙が冷たければ（−30℃）、魚は冷燻される。

スモークボックスの準備ができたら、すぐに火を焚ける。火をよく燃やし続け、熱い炭だけが残るまで燃やしておくことが重要だ。その後、ウッドチップとおがくずをおき火の上に置く。セイヨウネズと落葉樹や果樹のウッドチップを使うと、素晴らしい煙が出る。風味を増すため、ジュニパー・ベリー（セイヨウネズの実）やハーブをおき火の上に置いてもよい。

煙を十分に出すには、緑の葉がついている枝や生木のセイヨウネズの小枝を使う。ただし、小枝や葉は煙を出すだけにとどめ、燃えないように気をつけよう。少しでも炎が立ったら、ウッドチップやセイヨウネズなどの緑の枝葉を炎にかぶせる。

燻煙には時間がかかる。火から目を離さず、ウッドチップや緑の枝葉をくべて煙を出し続けなければならない。燻煙には何時間もかかることがある。

古い薪ストーブを利用した自作のスモーカーが小屋の中に置かれているのを見たことも何度かある。金属製のパイプを使い、上に木箱を載せたスモーカーだ。そうしたスモークボックスはたいてい養蜂箱くらいの大きさで、高さ約75cm、縦横約40cmだが、自作する場合のスモークボックスの大きさは、燻製にする材料の大きさと量による。

キャンプファイア・レシピ

キャンプファイアはただ光や暖かさを与えてくれるだけのものではなく、温かいコーヒーを飲むためだけのものでもない。山歩きの途中で、小さな火を焚いて一息入れてみたらどうだろう。串に刺したホットドッグを焼いたり、ねばねばする焼いたマシュマロをデザートにほおばったり。誰もがそんな素晴らしい思い出を持っている。ハイキングで歩いたあとの、火であぶったホットドッグは一段とおいしい。

　おいしい食事を作るには、フライパンかアルミホイル1巻をリュックに入れておくだけで事足りる。想像力を働かせよう。どれだけ持参するつもりなのかだけが問題だ。鶏肉や子牛の肉、野菜、トルティーヤやピザの生地、そしてアルミホイルがあれば、火の上で楽しい食事をいくつも作ることができる。釣り好きなら、釣ったばかりの魚と野菜をアルミホイルで包めばよい。これが一番うまい。

★ スティック・ブレッド

木の枝を串にしてパンを串焼きするのはとても楽しい。細いバゲットをセヴンストーン・オーブン（83ページ参照）で焼くこともできる。スティック・ブレッドは直火ならほんの数分で焼ける。ただし、皮を焦がさずに中まで十分火を通すには、忍耐が必要。細かく刻んだハム、粉チーズ、ハーブやスパイスを生地に混ぜれば、一段とおいしい。ハムやチーズやスパイスを入れると、伝統的なスティック・ブレッドが立派な食事になる。

★ パンケーキとワッフル

キャンプ旅行はできるだけ荷物を少なくするという人が多い。だが私は、旅をもっと楽しくするために特別な道具をいくつかリュックに入れていくのが好きだ。たいていはワッフルの焼き型か小さなフライパンを持っていく。その分リュックは重くなるが、火のそばで過ごす時間がもっと楽しくなる。

　パンケーキやワッフルの生地は、家を出る前に作ることができ、プラスチックのボトルに入れれば簡単に持ち運べる。生地を手作りするのが難しいと思うなら、既製品のパンケーキ・ミックスを使おう。それでもとてもおいしくできる。

★ ベイクド・ポテト

ジャガイモを半分に切り、中身をくり抜いて、そのくぼみに、卵、ハム、塩、コショウを混ぜたものを詰める。半分に切ったものを再び合わせて元通りの丸い形にし、アルミホイルで包む。これがベイクド・ポテトのコツだ。

★ チーズ・トースト

キャンプファイアの炎を眺めながら食べれば、持参したランチでも楽しめる。だが、アルミホイルに包んで焼いたチーズ・サンドイッチは、最高の軽食だ。ほんの数分で、パンにはさんだチーズが溶け始める。チーズ・サンドなら、キャンプに出かける前に手早く作ることができる。必要なものは、アルミホイル、パンのスライス2枚、バター、チーズ、ハムかソーセージに、マスタード少々とケチャップ。スパイスも加えるといいかもしれない。

　まず、パンにケチャップやマスタードを塗る。そしてスライスしたチーズ、ハムをのせ、スパイス少々を加える。もう1枚のパンをのせてサンドイッチを作る。このサンドイッチの外側にバターを塗ってから、アルミホイルで包む。バターを塗ると、カリカリした食感のキツネ色に焼ける。サンドイッチをおき火の上に置く。片面2分で両面を焼けば出来上がり。

★ フライド・トルティーヤ

コーントルティーヤは油で揚げるとおいしい。まず、肉や魚をスパイスや野菜と一緒にフライパンで炒める。炒め上がったら、ボウルに取り出しておく。この後、フライパンでトルティーヤを揚げるが、その前に、スライスしたチーズ、先ほど炒めた肉と野菜をトルティーヤで巻いておく。フライパンを火に戻し、巻いたトルティーヤの両面を油で揚げる。ただし、揚げ時間が長くなりすぎないように、焦がさないように気をつけよう。チーズが溶けてトルティーヤがキツネ色になったら出来上がり。

［右］スティック・ブレッドは火の放射熱で焼く。

レシピ

スティック・ブレッド

小麦粉	1.8kg
塩	小さじ2分の1
砂糖	小さじ2
ベーキングパウダー	小さじ2
水	約225ml
大豆油	大さじ5

最初に、小麦粉、塩、砂糖、ベーキングパウダーを混ぜる。これに水と大豆油を加えて混ぜ合わせ、パン生地がなめらかになるまで練る。生地がまだべたつくようであれば、小麦粉をもう少し足す。出来上がったパン生地をビニール袋かプラスチック容器に入れる。これを焼くときは、炎の勢いが弱まり、熱いおき火だけが残るまで待つこと。パン生地を棒に巻きつけ、それをおき火にかざす。何度も棒を回し続けること。そうすれば、パンの皮がキツネ色になり、焦がさずにすむ。

ワッフル

小麦粉	1.8kg
砂糖	大さじ6
カルダモンの粉末	小さじ1
ベーキングパウダー	小さじ1
牛乳	約1.75L
溶かしバター	100g
卵	4個

パンケーキ

小麦粉	1.3kg
塩	小さじ2分の1
牛乳	約2L
卵	4個
バター	

生地を作るには、まず小麦粉と塩を混ぜ合わせ、そこに牛乳を加えてよく混ぜる。これに卵を加え、泡立て器でかき混ぜて生地を作る。生地は寝かせて膨らませてから焼く。

フライパンにバターを入れて溶かす。そこに、おたま1杯分の生地を流し入れ、フライパンを回して生地が均一な厚みに広がるようにする。パンケーキの表面が乾いてきたら裏返す。両面とも焼けたら半分に折り、フライパンから取り出す。焼き上がったパンケーキはアルミホイルの上に積み、火のそばに置けば冷めにくい。

まず、小麦粉、砂糖、カルダモンの粉末、ベーキングパウダーを混ぜる。そこに牛乳をかき混ぜながら加える。これに溶かしバターと卵を加え、泡立て器でよくかき混ぜる。この生地を寝かせて膨らませる。ワッフルの焼き型に生地を流し入れ、焼き型をおき火の上に置き、時折裏返す。焼き型を火から取り出す。ワッフルが焼き上がっているか確かめる。

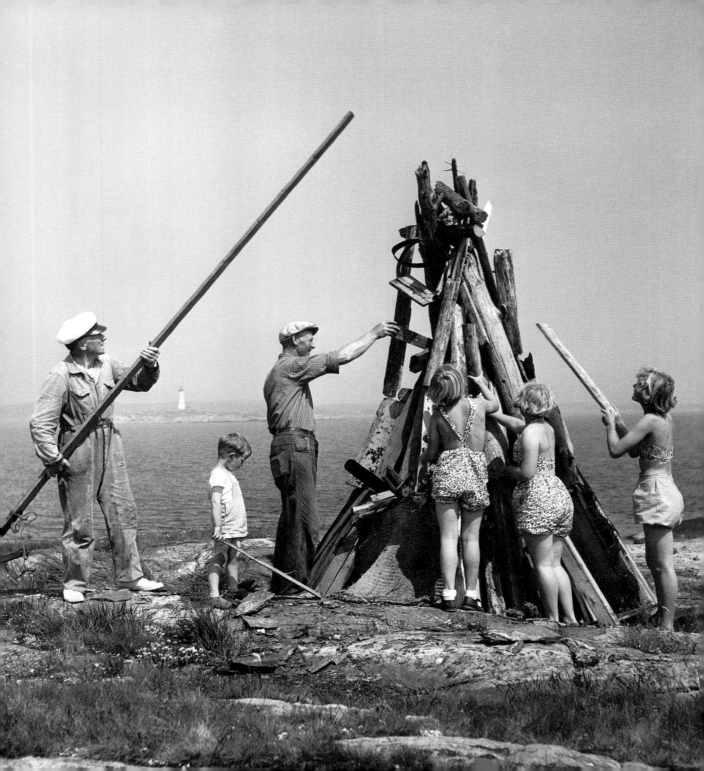

ボンファイアの伝統

ボンファイア(焚き火)は、木こりや猟師や
アウトドア好きが大昔から利用してきたものだが、
それだけでなく、宗教的・文化的伝統においても、
火は多くのことに利用されている。

アドルフ・ティデマン作、油彩画『田舎の聖ヨハネの前夜祭（St. John's Eve in the Countryside）』。『人々の暮らしの情景（Norsk Folkelivsbilleder）』1858年版所収のリトグラフによる複製。

［上］デンマークの伝統的な「サンクトハンスアフテン（Sankthansaften）」（聖ヨハネの前夜祭）のボンファイア。魔女の人形がくくりつけられている。
［下］ノルウェーのオーレスンでの1960年の「サンクトハンスボール（Sankthansbål）」（聖ヨハネの焚き火）。左から、伝統的な「シェリンガ（Kjerringa）」（老婆）、「フリッグボーレ（Friggbålet）」（フリッグの火）、「クリプラボーレ（Kliprabålet）」（クリプラの火）のボンファイア。

　北欧で最も一般的なボンファイアの伝統といえば、「聖ヨハネの前夜祭（夏至前夜祭）」だ。この祝祭は、夏至の祭りとして今でも多くの国々で重要な行事とされている。ノルウェーなどの北欧諸国では、夏至の前夜に大きなボンファイアを焚いて周囲に集うという伝統が、もう何百年も続いている。

　この祭りは、もともとは夏至を祝う祭りだったが、北欧がキリスト教を受け入れてからはキリスト教の教義と結びつき、聖ヨハネ（洗礼者ヨハネ）にちなんで呼び名も変わった。多くの人にとっては、聖ヨハネの前夜祭が夏の休暇シーズンのハイライトとなる。大きなボンファイアにダンス、伝統的なサワークリーム・ポリッジ、そして花の冠で祭りを祝う。

　しかも最近では、ボンファイアがこの夏至祭の要素として以前にも増して重視されるようになった。多くの市町村が、きっちりと伝統に従ってボンファイアを焚いている。必ず9種類の落葉樹を使ってボンファイアを作っているところもある。また、大きなポール（柱）を立て、それに横木を取りつけ、その周りでボンファイアを焚くという伝統も見られる。その横木には、2体の人形、魔女のような醜い老婆と風変わりな老爺の姿をした人形がつるされる。そして火が燃えるなか、ふたりの子供が花嫁と花婿の姿で登場し、結婚式の芝居をする。結婚式がすむと、ボンファイアの周囲でダンスが始まり、つるした2体の人形が燃えて灰になるまでダンスが続く。老婆と老爺は過去を象徴し、子供の結婚式は新しい時代の到来を象徴する。

　また以前は、ボンファイアはできるだけ高く激しく燃やすべきだと考えていた地域もあった。とくに高さが重要で、遠くからでも炎と煙が見えるようにしなければならなかった。未来を知らせてもらうためだ。ボンファイアに点火するときに特別な儀式を行うことも多かった。

　一般に、点火にはマッチや着火剤を使わず、弓錐など

聖ヨハネのボンファイア、ノルウェー南西部。

の摩擦熱を利用した方法だけを用いた。太陽の光が強ければ、拡大鏡を使うこともあった。そうして発生させた火花や炎には不思議な魔力があると言われていた。

　実は、多くの国々がキリスト教受け入れ後にボンファイアを禁じたが、その理由はわかりやすい。この祝祭には今も異教の儀式の要素がたくさん含まれているからだ。

　たとえばスウェーデンでは、早くからボンファイアが禁止された。メイポール（五月祭の柱）を葉や花で飾るというスウェーデンの伝統が生まれたのはこのためだろう。そうした夏至柱が、スウェーデンでは最も重要な夏至のシンボルと言えるかもしれない。スウェーデンの人々は夏至を非常に大事な日だと考えている。その日は公式な「旗の日」で、夏至は必ず6月19日から25日の間にある金曜日に祝うので、スウェーデン人には長い週末となる。家族そろって戸外でごちそうを楽しんだり、友達と愉快に過ごしたりする。民族衣装を着て、夏至柱の周囲でフォークダンスを踊る。

　一方ノルウェーとデンマークでは、キリスト教を受け入れてからも、ボンファイアの伝統が途切れることなく何百年も続いた。20世紀初頭には、デンマーク人は魔女の人形をボンファイアで燃やすことも始めた。昔から魔女が集会を開くと言われてきたドイツの「ブロッケン山」に魔女を送るためだ。また、火災の危険性や環境汚染を避けるため、ボンファイアの設置場所や点火方法についての規則も新たにできた。こうした規則は、多くの場合、森林火災の危険がある地域に適用される。夏至のボンファイアでゴミやガラクタも燃やしてしまうという昔からの慣習をやめさせるためでもある。

「スリンニングスボーレ(Slinningsbålet)」(スリンニングスの火)、(スリンニングスホルメン、オーレスン)。

★ 夏至のボンファイア

夏至の日は1年のうちで昼間が最も長くなる。この時、太陽は天体の半球で最も高い位置にある。地平線から上った太陽が最も高い位置に到達するのが、6月24日だ。私たちの生活感覚で言えば、この日は「太陽が折り返す日」となる。そしてこの折り返しを祝うために、ボンファイアを焚く。ボンファイアを焚けば、この重要な段階にある太陽の力が増し、太陽の折り返しを助け、私たちを邪悪な力から守ってくれる、と考えられていたからだ。そのため聖ヨハネの前夜祭(夏至前夜祭)は、6月23日に行われる。

ノルウェーでは、ボンファイアは一般的に沿岸部だけに限られる。沿岸部の町は、どこが最も大きなボンファイアを作れるか競い合っている。以前は、多くの都市(とりわけノルウェー西部の)で、子供や若者が可燃物集めの任務を負っていた。彼らが任務の途中で何かを「拝借」しても、人々は見て見ぬふりをするのが習わしだった。夏至前夜祭まで、大勢の子供たちや若者が何組も町に集まっては、数か月、数週間、数日間かけてボンファイアの燃料を集めた。どのグループが一番たくさん集められるかの競争も激しかった。しかも、集めたものを横取りされないように守らなければならない。せっかく集めたのに競争相手のグループに持って行かれてしまった、などということがないよう、ボンファイアの予定地に見張りを置かねばならないこともよくあった。

オーレスンのボンファイアはいつ見ても特別だ。ここの住民は最高に壮観なボンファイアにしようと奮闘し、ボンファイアの高さが年々高くなった。それでも1日で燃え尽きてしまう。

最近では、同市はボンファイア用の大きなタワーをひとつだけ建てることにした。その代わり、タワーはますます高くなっている。タワーは毎年、スリンニングスホルメンという小島で、樽と木製の物流用パレットを利用して作られ、オーレスン市のユニークなシンボルとして観光客を集めている。

★ クリスマスツリーを燃やす

北欧の多くの地域では、年に1日、クリスマスツリーを燃やす日がある。クリスマスから20日目に行われる。これにはトウヒとマツの木が使われ、1月13日の夜に集めて燃やされる。その火が消えたら、子供も大人も、そのおき火でホットドッグを焼く。

隣国のドイツにも、使用済みのクリスマスツリーを集めて冬のボンファイアを焚くという伝統がある。ただしドイツでは、ツリーをイースター(復活祭)まで置いておき、冬の終わりと春の始まりを祝うためにツリーをうず高く積み上げて燃やす。

ヨーロッパのボンファイアの伝統

　夏至にボンファイアを焚くという伝統は、南ヨーロッパでよく見られる。民間信仰や迷信によると、一年で一番昼が長い日には、魔法の力が解き放たれるという。1500年頃にマルタン・デュ・アルルという人が書いた記録によると、バスク地方の人々は、魔女を追い払って作物や田畑を守るために、火を使った儀式をしていたという。火と夏至のボンファイアは、いつの時代も黒魔術を避けるためによく使われた方法で、ヨーロッパのどの地域にも深い文化的な背景があるようだ。

　スペイン語では、「ボンファイア」のことを「オゲーラ(hoguera)」という。6月の終わりには、スペイン全土で「ラ・オゲーラ(La Hoguera)」という火祭りが行われる。この伝統は、カタルーニャとバレンシアの祭りがスペイン最大で、とくにカタルーニャの分離独立派と民族主義者は、6月24日が自分たちのナショナル・デー(国家的な記念の日)だと考えている。

　スペインでボンファイアを焚く火祭りが行われるようになったのは、イギリス人のガイ・フォークスの影響だと言われている。ガイ・フォークスは1605年にロンドンで国王ジェームズ1世を殺害しようとした人物だ。フォークスはスペインと密接な関係があるカトリック教徒だった。イングランド全土をカトリックの国にしたいと考えていた。そこで、国会議事堂を爆破する計画を立てた。だがこの火薬陰謀事件は事前に露見し、計画は失敗に終わった。フォークスは11月5日に逮捕され、その後まもなく処刑された。今でも毎年11月5日には、イギリス全土で「ガイ・フォークス・ナイト」という記念行事が行われる。スペインのラ・オゲーラと同じように、この行事でも焚き火をたいたり花火を打ち上げたりする。

クリスピン・ファン・ドゥ・パス作、銅版画『火薬陰謀事件（The Gunpowder Plot）』。ガイ・フォークスも描かれている（右から3人目）。

フレデリック・レミントン作、『のろし（Smoke Signal）』（1905年）。アメリカ先住民が火を利用した「のろし」を上げているところ

のろし

北アメリカのファースト・ネーションズ（先住民族）は、
煙を利用した合図で交信していた。
のろしはノルウェーでも一般的な合図だ。

新しい教皇の選挙では、ヴァチカンのシスティーナ礼拝堂の煙突から白い煙か黒い煙を出して投票結果を知らせる。

北アメリカの平原に住むファースト・ネーションズが火と煙を利用して交信していたことはよく知られている。一筋に立ち上る煙を湿った毛布を使って途切れさせ、空高く昇っていく間に遠くからでも見えるような煙のかたまりを作ることでメッセージを伝えていた。

　現代でも、煙が合図に使われることがある。たとえば新しいローマ教皇を選ぶときには、枢機卿が集まるコンクラーベという教皇選挙で、選挙の結果を知らせる合図に煙を使う。枢機卿団がサンピエトロ広場に集まった人々に投票結果を煙で伝えるのだ。投票用紙を燃やして煙を出すのだが、その時、投票用紙と一緒に化学薬品も混ぜて、煙の色を変える。黒い煙なら、新教皇が決まらなかったという合図、白い煙なら、投票総数の3分の2以上の票を得て当選した枢機卿がいる、つまり新教皇が決まったという合図だ。

★ のろしと監視塔と灯台

煙を利用した合図にはいろいろな種類がある。のろしはノルウェーなど北欧各地でも、青銅器時代から使われている。ノルウェーの中世の法律書には、戦時に火を利用して交信するために山頂に建てる監視塔のことが書かれている。塔にいる見張り番が、のろしを上げて隣の山の上にいる見張り番に警報を伝えた。こうすれば、次々と伝達して遠くまで警報を知らせることができた。

　中世に使われていた古ノルド語では、山頂ののろしのことを「ヴィーティ（viti）」という。この言葉は、「ヴィーテ（vite）」（「知る」という意味）と関連がある。これらの言葉は、ノルウェー各地の地名にも出てくる。（たとえばオスロのヴェッタコーレン Vettakollen）。

★ 沿岸部の監視塔

ノルウェー全体の海岸線とその近隣の谷には、「ヴェデ

中世ののろし。

(vede)」、「ヴェテ(vete)」、「ヴィテ(vite)」という言葉を含む地名があちこちにある。昔は、国防には沿岸部の監視塔が不可欠だった。たとえば1628年にクリスチャン4世が出した勅令にはこうある。「沿岸部の監視塔と消防署が最も高く人目につきやすい場所に遅滞なく配置されることこそ、我らの願いである」。

そして、主要な監視塔が沿岸全体にわたって連鎖状に設置され、ノルウェーの情報伝達システムの中核となった。のろしそのものの材料は、薪、タールの樽、柱の足元のギョリュウモドキだった。長い丸太を何本か柱に立てかけ、ティピーのような形にしていた。

山頂の見張り所の多くは、近くに石造りの小さな小屋があった。天候がよくても悪くても、見張り番が1日24時間、週7日、休みなしで持ち場についていられるようにするためだ。念には念を入れるため、小屋の四方の壁にはのぞき穴が設けられていた。

こうした見張り所が最後に動員されたのは、ナポレオン戦争中の1807年だ。イギリスの軍艦「スペンサー号」がフレッケレイ島を攻撃し、クリスチャンサンの近くにあるミョーヴィクでのろしが上がった。

★ 灯台

灯台は、船舶に海上での位置を知らせる航路標識として大昔から使われてきた。この航海用の標識の火を最初に設置したのは、フェニキア人だと言われている。エジプトのファロス島にあったアレクサンドリアの大灯台は、古代世界の七不思議のひとつに数えられており、高さが134mもあったという。夜間は灯台の最上部で火を燃やし、昼間は大きな鏡で太陽の光を反射させて、灯台の位置を知らせていた(125ページ参照)。

ノルウェーで最初の灯台は、1655年にリンデスネースに建てられた。リンデスネース灯台の設置は、1655年7月18日の勅令によるもので、初めは金属製のカゴで大きな裸火を焚いていただけだったが、1656年には木

造3階建ての塔になり、いろいろな航路に向いて開口部が設けられた。この最初の灯台は、獣脂のロウソクを使っていた。だが、ロウソクでは十分な光を発することができなかったので、リンデスネースの灯台は閉鎖されてしまい、それから70年近くも暗いままだった。その間は、1696年にストーア・フェルデ島に新しい標識が設置された。今も古いリンデスネース灯台が残っている場所から北に少し行ったところだ。新しい標識は、最初は鉄製の大釜が岩の上に置いてあるだけのもので、灯台守が木材と石炭を焚いて一晩中大釜の火を燃やし続けていた。

それから25年後、リンデスネースに新しい灯台が造られた。この灯台もまだ裸火を利用していたが、今回は塔の内部で火をたいた。塔の基部に細長い隙間があって、そこから流れ込んだ空気が、塔の最上部まで引き上げた鉄製のカゴの中の火に届くようになっていた。カゴが高く掲げられたので、遠くからでも塔の開口部ごしに光がよく見え、安全に陸地に到着できるようになった。

この灯台の構造は、「はね灯台」と呼ばれるものと同じだ。ただし、はね灯台のほうがかなり大きい。ノルウェーとスウェーデンの沿岸部にいわゆる導灯が設置されるまでは、はね灯台がデンマークで使用されていた。長い棒の先に金属製のカゴをつるしてあるだけの灯標だったが、火をつけてから高く掲げることができるようになっていたので、海上からよく見えた。

カゴをそのままつるしただけのはね灯台が最初に設置されたのは、1627年、デンマークのスケーエン・オッデのグレーネン岬という場所だった。はね灯台は18世紀の終わりまで、ノルウェーとデンマークの間のスカゲラック海峡の両岸で使われていた。

［左ページ左上］デンマークのスケーエンにあるはね灯台。
［左ページ右上］のろし。
［左ページ下］ノルウェーのリンデスネース灯台。

古代世界の七不思議のひとつ

エジプトのアレクサンドリアの沖合、ファロス島にあった大灯台は、古代世界の七不思議のひとつと言われている。高さが134mもあったという。当時は世界最大級の高さを誇る建造物だった。建設が始まったのは紀元前299年で、古代ギリシャの建築家ソストラトスによって建造され、紀元前279年に完成したが、1303年の地震で崩壊した。この灯台の塔には鏡が置かれ、日中は鏡で太陽の光を反射し、夜間はかがり火を燃やしていた。

ファロス島にあったアレクサンドリアの大灯台は、何百年にもわたって世界一高い建造物だった。古代世界の七不思議のひとつとされている。ドイツの考古学者ヘルマン・ティールシュによる挿絵（1909年）。

料理用ストーブや暖炉では

屋内でも薪を燃やすことが多い。
ノルウェーでは、300万台もの薪ストーブが
自宅やキャビンで使われている。

薪ストーブや薪を使う暖炉は、前面に扉が付いている密閉式のタイプと扉のない開放式のタイプがあるが、大半はファイアプレース・インサートという器具が内部にセットされている。ノルウェーでは、家庭の暖房の5分の1が薪を燃料に使うタイプで、薪の消費量がとてつもなく多い。毎年、60億kWh以上も薪を焚く。

暖炉やストーブは屋内を暖めるために使う。薪を燃やす燃焼技術が頼りなので、燃焼技術の質、薪、最適な燃焼についての厳密な基準がある。最近の研究によると、薪を燃やす最も効果的な方法は、積極的に燃やすことだという。つまり、着火したら燃焼室に十分に空気を送り込んで燃やすほうがよいということだ。こうすれば、熱も炎も最適になる。

★ 屋内で火を焚くには

屋内で火を焚くときも、屋外の場合と同じ手順を踏めばよい。まず火口と焚きつけを用意し、その上に細い薪を置く。それから丸太をくべるが、丸太に十分引火するまで薪を長く燃やすようにする。

火口には新聞紙が一番と言う人もいれば、もっぱら樹皮を使う人、市販のファイアプレース・スターター（着火剤）を好む人もいる。何を使うにしても、重要なのは、焚きつけ用の細い薪をたくさん用意してから丸太をくべること。市販の着火剤を使う場合であっても、この点は変わらない。

ちょっとしたコツもある。空気が下から十分に通るようにして、焚きつけが高温で燃えるようにすること、火を高温に保つよう薪をくべ続けることだ。この点は、暖

炉でもストーブでも炉でも、薪を使う器具すべてに当てはまる。ただし、最新型の薪ストーブを使うなら話は別で、伝統的な火の焚き方をするのではなく、細く割った小さな薪を燃焼室の半分の量だけ入れるのが一番効率がよい。

　カバノキの樹皮や焚きつけ、あるいは着火剤2、3個を使って上から着火し、その上に細く割った薪を薄く重ねる。扉をほんの少しだけ開けたままにして空気の流入量を増やしてやると、薪が大きな炎を上げて激しく燃え始める。

［右］樹皮が1カゴ分あれば、市販の着火剤がなくても大丈夫。

鍛鉄製の扉を開けると、カバノキの丸太を割った
まきが赤黄色のクサリヘビのように横たわり、
その灰から、緑と青の細い炎がゆらゆらと、
シューシューと音を立てながら揺らめく。
そうだ、だからこれが若者の心も老人の心も落ち着かせる
最古のトリック、たぶん最古のトリックなのだ。

イングヴァール・アンビョルンセン（Ingvar Ambjørnsen）

専門家からのアドバイス

ノルウェー産業科学技術研究所（SINTEF）は、古いストーブや暖炉に着火するときの昔からの習慣について学び直すよう求めている。今では、上から火をつけるのが一番だという。こうするほうが、燃焼を最大化でき、煙突から出る煙と粒子放出の量を減らせる。

　子供のころに教わったのは、ストーブや暖炉に火をつけるときは下からつける、という方法だったが、上から火をつけたほうが、薪から発生するガスが燃えやすく、煙突から出る上向きの通風の量も増える。燃焼室の床を薪で覆ってから、その上に薪を小山に積む。小さな火が下に向かって燃えていき、下の薪を熱する。薪は燃えるときガスを発生する。そのガスが炎に届くと、ガスが燃える。こうしたガスが木材のエネルギーの半分以上になるため、このガスを利用せずに煙突から出してしまうのは惜しい。煙突の上向きの通風をいい感じに安定させるのも、下から火をつけると時間がかかる。現代的なストーブやインサートのメーカーやディーラーも十分な研究を行った結果、空気が上から入る場合には、これが最も効率的に薪を燃やす方法だとわかった。その証拠に、ガラス製の扉はきれいなままで、すすや樹脂汚れが付かなかった。小さなことだが、上から着火するようにしてみれば、よく燃えるようになり、これまでのように何度も薪を追加しなくてもすむ。

[左ページ上]オーブンに薪を積む。
[左ページ下]上から火をつけ、扉を開けたまま燃やす。
[左]火が熱く燃えるまで扉を開けたままにしておく。

が狭く、密度の低い木材だと年輪の間隔が広くなり、比重量も同じように違いが出る。これは樹木の成長の早さと関係する。それぞれの年輪は、その樹木が1年間にどれだけ太くなったかを示す。ゆっくりと成長した木は、年輪が密になり、早く成長した木は年輪の間隔が広くなる。

　木材の比重量について言う場合、一般的には、基準となる重量(完全に乾燥した状態での重量)を乾燥していない生木の状態での体積で割るところから始まる。基準となる重量は木材1立方メートル当たり何kgあるか(kg/m3またはcbm)で示す。熱エネルギー(つまり発熱量)は、一般には、含水率17%の木材1立方メートル当たりの1時間の仕事量(キロワット時、kWh)として計算する(135ページの表を参照)。

　発熱量が最も少ない木材は、ヤマナラシ、トウヒ、セイヨウハンノキだ。いわゆるミックス・バンドルを購入する場合には、そのバンドルに多く入っている木の種類を尋ねたほうがよい。屋内用のストーブやオーブン、暖炉に最適な木材は、ナナカマド、ブナ、オーク、トネリコ、カエデ、カバノキだ。なかでもカバノキが最も好まれる。カバノキは発熱量が最も多いというわけではないが、優れた熱エネルギーを持つ。カバノキの丸太に付いている樹皮は燃えやすく、炎を見るのも楽しい。マツもカバノキとほぼ同じくらい熱エネルギーが高い。マツの炎のほうがカバノキよりも色が明るく、前面に大きなガラス扉のある密閉式の暖炉にぴったりだ。マツはクレオソートの含有量が高いので、マツを燃やすと煙突火災のリスクが増す、という説もあるが、ノルウェー産業科学技術研究所(SINTEF)の研究によると、正しく燃やすのであれば、マツが他種の木材よりも危険だということはない。

★ 乾燥した薪を使う

薪が乾燥していることが必須だ。含水率(木材に含まれる水分の割合)が20%未満のものに限る。湿った薪はうまく燃えない。薪が湿っていると、薪を燃やすのではなく水分を追い出すのにエネルギーが使われてしまう。薪がどの程度乾燥しているかを知るには、視覚と聴覚を使う。丸太の端にひび割れがあるか見てみよう。ひび割れていれば、乾燥しているしるしだ。そして2本の丸太を打ち合わせてみる。カキンと乾いた澄んだ音がしたら、乾燥している。ゴツンと鈍い音ならば、湿った木だ。

★ 木材のエネルギーと発熱量

木材の発熱量は、その比重量(単位体積の重量)と含水率によって変わる。比重量は個体差が大きいが、経験則から言うと、密集した森で育った樹木のほうが密度が高く、比重量も高いことが多い。密度の高い木材は年輪の間隔

★ カバノキ

乾燥したカバノキは、ゆっくりと安定して燃え、見ていて楽しい。暖炉の脇に積んでも見栄えがする。匂いもよい。カバノキの樹皮のおかげで、カバノキの丸太を入れた燃焼室は早く燃えてくれる。炎が消えても、燃焼室には暖かなおきが敷き詰めたように残る。

★ トウヒ

トウヒの中にはすぐに燃えるものもあるが、ゆっくりと燃えてくれるものもある。その違いは、トウヒの成長の早さによる。年輪の間隔が広いトウヒの丸太は、燃えるのが早く、発熱量が低い。ゆっくり成長したトウヒの古木のほうが密度が高く、年輪の間隔も狭く、エネルギーが蓄えられている。そのため高温でよく燃えるが、火の粉が飛んだりパチパチ音を立てたりするので、扉を閉めておく必要がある。トウヒは理想的な焚きつけになる。割れやすく、簡単に着火するため、大きな丸太を燃やすための触媒にはうってつけだ。

★ マツ

乾燥したマツはよい焚きつけになる。大きな丸太は十分な熱エネルギーを持つ。マツを燃やすと、大きな明るい炎が立つ。そのため、マツは暖炉やオーブンにぴったりだ。また、前面に大きなガラス扉のあるオーブンにも向いている。マツの鮮やかな炎が部屋全体を明るく照らしてくれる。

★ オーク

オークは発熱量が非常に高い。着火したら、長時間高温で燃えてくれる。オークは密度が高いので、徹底的に乾燥させる必要がある。

★ カエデ

カエデもオークとほぼ同じくらいの密度がある。もっと豊富にあるのであれば、非常に人気の薪になっていただろう。密度が高いので、ゆっくりと高温で燃える。

★ ヤマナラシ

ヤマナラシというと、マッチの軸になる木だと思っている人が多い。ヤマナラシは発熱量が低く、静かな炎を立てて燃える。トウヒと同様に割りやすく、まっすぐな細い薪にすることができる。このため、ヤマナラシも焚きつけにぴったりだ。料理用ストーブや小型の家庭用オーブンなど小さめのオーブンで火を焚くときにも向いている。

★ セイヨウハンノキとヨーロッパハンノキ

セイヨウハンノキは密度が低く、成長が早い。ヤマナラシよりも発熱量が低い。だがヨーロッパハンノキは、セイヨウハンノキよりもかなり密度が高く、熱エネルギーも多く、マツの熱エネルギーとほぼ同じくらいある。

★ ヤナギ

ヤナギはヨーロッパハンノキに似ており、密度が高く、熱エネルギーも十分ある。

★ トネリコ

トネリコはカバノキよりも少し密度が高く、オークとほぼ同じくらいの密度だ。このため薪に向いている。不思議なことに、トネリコは乾燥していなくても燃える。

熱エネルギー
比重量と発熱量

木材の種類	比重量(kg／cbm)	1cbm当たりの発熱量(kWh)
モチノキ	675	3496
イチイ	600	3107
ブナ	570	2963
トネリコ	550	2859
オーク	550	2859
ニレ	540	2807
ナナカマド	520	2703
カラマツ	540	2796
カエデ	530	2755
ハシバミ	510	2641
カバノキ	500	2589
エゾノウワミズザクラ	490	2538
マツ	440	2287
ハンノキ	440	2287
シナノキ／バスウッド	430	2235
ヤナギ	430	2235
ヤマナラシ	400	2079
トウヒ	380	1975
セイヨウハンノキ	360	1864

［出典：Norsk Ved］

万能の火

人間は何十万年も前に火の力を発見した。
以来、明かりや暖房、料理以外にも
火の使い道があることを知った。

火のおかげで、人間は明るさや温度を調節できるようになった。
そう、生活そのものさえも。
火はすべてを変えた。
火が食習慣を変え、人間は前よりも強くなり、
何を選べば好都合かを考えて選ぶことが大切だ、
ということをもっと意識するようになった。
火を使って食材を調理したり、
木材を乾燥させて堅くしたり、
土器を焼いたりし始めた。
やがて、人間は金属を溶かして道具を作り、
それまでにない強力な武器を作るようになった。
それでも、「火」──万能の炎とその強烈な熱──に対する
敬意を失ってはいない。

触媒としての火

火を発見した人間は、火に触媒の性質があることにもすぐに気づいた。水は火に当たると蒸発し、鍋の水は水蒸気になる。そして、焚き火跡の灰を手でかいていて、粘土の焼き方を習得した。また、熱すると金属を放出する鉱物があることも知った。液状になるものまである。ケイ砂と灰を熱するとガラスになる。こうした神秘を会得した人々は、その技術が高く評価された。

石松子

手品でぼっと炎を立てたいと思ったら、自然界にある粉を使うこともできる。この素晴らしい物質は石松子という。ヒカゲノカズラ属（Lycopodium）に属するシダの胞子だ。なかでもヒカゲノカズラ（Lycopodium clavatum）という種が、最も胞子が多い。ヒカゲノカズラは10月初めに胞子嚢をつける。石松子を作るには、その胞子嚢を摘み、皿にのせて暖かい場所に一晩置き乾燥させる。次に、その皿ごと振って、乾燥した胞子嚢から黄色の細かい粉を取り出す。

石松子は燃えやすい。油分を50％あまり含むため、炎の上で空中に広がり、拡散しながら酸素を消費する。しかも、皿の上にあるときには発火しない。その昔、まだ若かった私は薬局で石松子を買っていたが、このごろはネット通販でしか手に入らない。（www.vitenwahl.no）。

［右］スギカズラ（Lycopodium annotinum）（石松子）。

溶鉱炉、バールムス・ヴェルク、ノルウェー。

原始的な陶器を焼く窯。粘土で作った壺を窯に入れて高温で焼くと、陶器に変わる。

✴ 新しい技術

ガソリンエンジンは、火花を飛ばして可燃性物質に点火し、エネルギーの放出と爆発を生み出すことで作動する。これは火を操れるようになったおかげで技術が進歩した一例だ。

✴ 製陶と鍛冶

粘土を700℃から1400℃の高温に熱すると、化学的・物理的変化が生じ、堅く強くなり、水に入れても溶けなくなる。人間が最初に作った陶磁器は、粘土を炉で焼いただけのものだった。陶磁器は今でも、世界で最も安価で、最も大量に販売されている製品のひとつだ。レンガ、鍋、オブジェ（美術工芸品）、皿はもちろん、楽器でさえも粘土を焼いて作ることができる。

青銅器時代の鍛冶は、「シール・ペルデュ（cire perdue）」（「ロウをなくす」という意味）という方法が一般的だった。まず、作ろうとするものの原型を粘土で作り、その原型を蜜ロウで覆う。次に、その上からまた粘土を重ねて塗り固める。そうしてできたものを窯に入れて焼くと、蜜ロウの部分だけが溶け、焼けた粘土の型が残る。ロウが溶けたことによって型にできた空洞に、溶かした青銅を流し込む。そして粘土を取り除くと、青銅製の鋳物が現れる。

✴ 塊鉄炉と鉄の製錬

鉄鉱石から鉄を手作業で取り出す技術は、西洋では古代

中世の冶金。

ローマ時代以前の鉄器時代（紀元前500年頃）からあり、18世紀の末期まで存在した。いわゆる沼鉄鉱の塊を沼地や湿地で集め、その生の鉱石を開放式の炉に入れて、鉄鉱石を酸化鉄にしていた。

酸化鉄は木炭を燃料にした塊鉄炉で焼いた。炉の壁はたいてい粘土製で、炉に火を入れるたびに、炉の壁を壊して壊塊鉄（鉄と鉱滓）を取り出した。時代が移っても、塊鉄炉の形はあまり変わらなかったが、15世紀にはかなり大型になり、19世紀半ば頃まで使われた。たいていは地下に円筒型の炉を設置し、大きなふいご2個を使って空気を送り込んだ。この炉では、鉄を使って道具や武器を作る前に、まずは鉱滓を取り除く必要があった。炉の燃料はまだ木炭のままだった。

★ タール窯

樹脂の多い樹木を熱するとタールが取れる（乾留と呼ばれるプロセスだ）。大昔から、タールは樹脂の多い木材で作られている。樹脂とは、材木の中心の赤みを帯びた部分やマツの根に含まれている脂肪性物質のことだ。この抽出には、一般的にタール窯が使われる。北欧では、約1000年前のヴァイキング時代からタールを製造していた。

タール窯は、下部が傾斜しており、タールが少しずつしたたり出るようになっている。たいていは傾斜地に作り、内側に石や太い丸太を敷き詰める。そして、上をカバノキの樹皮で覆う。目が詰んでいるカバノキの樹皮が積まれているので、熱いタールは窯の底にあるじょうごからしたたり出て、丸太をくり抜いて作った管を伝い、

台所にある鍋でタールを作る

昔は、自宅の庭にマツの木が2、3本あれば、家にある大きな鍋でタールを作ることができた。まず、鍋に細い薪を立てて入れる。ぎっしりと隙間なく並ぶように詰め込む。最後の1本は力づくで押し込み、鍋を一杯にする。火のそばに平らな石を用意し、石に小さな溝を刻んでおく。鍋を横にして石の上に置き、鍋のふちを土か粘土で覆って空気が流れ込まないようにする。鍋の上で火をおこす。タールが石の上にしたたり落ち始め、溝を伝ってきたところを洗面器で受ける。タールが出なくなったら、鍋を起こす。鍋の中には純粋な木炭が残る。

こちらも自宅で試すことができる

金属製の容器2個と中央に穴が開いた金属板1枚を用意する。容器1個を開口部を上にして地面に埋める。その容器に金属板をかぶせ、上から内側に強く押し込んで、金属板をじょうご状にする。もうひとつの容器に細く裂いたファットウッドを詰める。この2個目の容器を上下さかさまにして、1個目の容器にあるじょうごの穴の上に来るように1個目の容器に重ねる。容器のふちに湿った土を塗って密封する。容器の周囲にログ・キャビン・ファイアを組み、上から点火する。30分ほどで火が消える。すると、2個目の容器のファットウッドが木炭になり、もうひとつの容器にはタールが少したまっている。

タール窯、フィンランド、1900年頃。

タール・ケトル、オーストダル・デイズ・フェスティバル（Åstdal Days Festival）、リングスアーケル、ノルウェー。

　斜面の下に置いた樽などの容器に流れ込む。最大級のタール窯には、1500個もの樹皮片を投入できた。

　北欧では、マツの根からタールを取るのが古来からの方法だった。マツの根には樹脂が豊富に含まれている。とりわけ、木の外側の部分が腐って取れてしまった古株の根が最もよい。マツの切り株は、樹齢が10年以上である必要があるが、よく使われた切り株は、樹齢数百年というマツだ。古株を掘り起こす作業は、地面が溶けたあとの秋に始まる。そしてタールの原料を窯場へ運び、まずは洗浄し、切って角材にした。

　次に、角材を棒状に割り、選別し、積んで乾燥させた。タール窯は、大きな丸太を柱のように立て、それを中心点にしてきれいな円形の窯を作った。エスキモーの伝統的な住居であるイグルーのようなドーム状だった。外側を木片で覆ってから、中心の柱を抜いたが、頂点の穴は残したままで、下部にもじょうご部分から管につながる穴があった。その後、窯全体を芝やコケで覆い、防風のため土をかぶせた。下部の開口部は開けたままで、この開口部から窯に火を入れた。もし窯を覆った芝やコケが燃えだしてしまったら、タールを取ることはできなかった。

　樹脂の多い木材も燃やしてはいけない。窯に供給する空気を最小限にして、木材を高温にする必要がある。そうすればタールが溶けて木材から流れ出る。温度を約40℃に保つのがコツだ。タールが出始めるまでには3時間から5時間ほどかかる。しかも最初のうちは薄く、水とテルペンチン（マツヤニ）を大量に含む。時間がたつにつれ、タールはどんどん黒く濃厚になる。大きなタール

フレスベルの木炭パイル。1878年までヴィノレン銀山（Vinoren Silverworks）に木炭を供給していた。

窯の場合は、数日間にわたってタールを製造できる。窯からタールが出なくなったら、窯に水をかけて水浸しにし、最後の1滴まで取り出す。乾留が終わると、大量の木炭が残る。

★ 木炭パイル

木炭は木炭パイルで作る。木炭を作るには、不完全燃焼が必要だ。パイルに流入する空気の量を調節して不完全燃焼の状態にし、乾燥していない生木を木炭に変える。それによって、水分をほとんど含まない燃料ができる。木炭には水分が含まれないので、乾燥した薪を燃やした場合よりも高温で燃える。この点が、鉄鉱石から鉄を抽出する工程ではとくに重要だった。

伝統的な木炭パイルは、19世紀の末期まで変化が見られなかった。今でも森を歩けば、あちこちに古い木炭パイルの名残りが見られる。木炭パイルの跡地はすぐわかる。直径が最大20mほどの大きな円形の場所で、植物が生えておらず、土の山に囲まれており、地面に灰が大量にあるからだ。ノルウェーにもそうした場所にちなんだ地名がたくさんある。たとえば、ケラボーン（Kølabånn）、クルルブン（Kullbunn）、ペルスボン（Persbonn）、オッペゴール市のコルボン（Kolbotn）などだ。

木炭パイルは平らな土地に作る。まず、地面に杭（クアンデル）を打ち込む。これがパイルの中心となる。クアンデルに支えが必要なら、つっかい棒をする。次に、丸太を地面に並べる。この時、中心部からパイルの外縁ま

木炭は今でも鍛冶や野外でのバーベキューに使われている。

で、丸太が扇形に広がるようにする。その上に、割った丸太を置く。この時は、丸太と地面の間に空気の入る空洞ができるようにする。こうして床ができあがったら、乾いた薪を中心部に立てかけ、パイルの「中心」にシャフトを作る。このシャフトは、着火するときに使うほか、これによって一時的に内部で空気が流れるようにする。

　下のほうのクアンデルに近いところには、トウヒやファットウッドを多めに積む。こうすると、中心部が一段と高温になり、しかも木炭作りの工程が終わるまで高温のままになる。その外側に薪を積む。この時も、中心部にもたせかけるように薪を立てかけていく。外側の薪を積み重ねるところまで来たら、いろいろな大きさの薪を使って、表面のデコボコをできるだけなくす。その後、パイル全体にトウヒの生木の枝と芝をかぶせる。最後に、パイル全体を厚さ20cmの粘土の層で覆う。ただしパイルの下部には、燃焼に必要な酸素を供給できるよう小さな通気孔を開けておく。

　焼き始めるときは、「中心」の頂上で火をつける。火がついたら、シャフトに火を押し込み、下にある乾燥したトウヒやファットウッドに引火させる。すると、中心部で生じた強い熱が残りの木材に行きわたるが、炎が立つことはなく、木炭ができる。大きな木炭パイルは、炭焼き職人が番をして空気の流れを調節する。積んだ木材がすべて木炭になるまでに数週間かかることもある。

以前は、北欧の製鉄所が木炭の最大消費者だった。なかでも最大の製鉄所はノルウェーにあった。ノルウェーには木炭の原料がどこよりも豊富にあったからだ。だが1860年以降は、大半の製鉄所が操業を中止したり、燃料にコークスを使い始めたりして、木炭の需要が急速に低下した。また、地元の鍛冶職人も木炭を使っており、こちらの伝統は1900年頃まで生き続けた。

★ 火力採掘

火力採掘とは岩石を破砕する方法のひとつで、先史時代から19世紀になるまで行われていたが、火薬やダイナマイトの発明ですたれてしまった。その基本原理は簡単だ。まず、掘ろうとしている岩壁の前で、大きな火を調節しながら燃やし、その炎で岩石を熱する。火力採掘用の薪は、1mの丸太を約15cmの太さに割ったもので、トウヒやマツの丸太が使われた。次に、熱した岩に水をかけて急速に冷却する。すると、岩が温度変化の衝撃で膨張して破砕し、たいていは粉々に崩れる。そして、煙が消え、岩が冷えたら、各種の道具を使って岩壁を少しずつ削り取っていく。それでも1か月に1〜3m掘り進むだけで、時間がかかるうえ、大量の木材を必要とする資源集約的な作業だった。

一見単純そうだが、採鉱や火力採掘には専門的な知識と経験が必要だった。岩石なら何でも火と熱に反応してくれるというわけではなく、どのような薪を選ぶかも、掘ろうとする岩石の種類によって変わる。また、火を燃やしたいところでちゃんと燃やすには、火をおこすことも、ノウハウが必要となる重要な技術だった。薪を無駄にはできない。大きな炎を立て、強い熱を発生させることが何よりも重要で、長時間火を燃やし続ける必要などなかった。

割った薪が好まれたのは、そうした薪にこうした特性

『火力採掘（Fire-setting）』、ゲオルク・アグリコラ（Georgius Agricola）による銅版画。

があるからだった。なるべく少ない薪で、より多くの熱を急速に発生させるのが目的だ。着火には長い枝が使われ、マツが好まれた。その枝の先端にはフェザーリングが施され、削り出した薄い木片がまるであごひげのように突き出ていた。

コングスベル銀山の火力採掘について書かれた1784年の文書にはこうある。

「主要な火は丸太でおこし、その下の小さな火は割った薪でおこした。火が消えると、ゆるんだ岩が破壊された。焼けた石が取り除かれ、次の着火にそなえて、薪の燃え残りと灰が岩壁のそばから熊手でかき出された」。

トウヒが最適な燃料だ。トウヒは「急速に強い熱」を出して燃えるが、「作業の邪魔になるおきがあまり残らない」。

火は岩石内に剪断応力を生む。これにより岩石はもろくなり、粉々に砕ける。この写真は、ノルウェーのユンゴル村の近くにある縦型の洞穴に残る火力採掘の跡。

火がおきだけになったら

必ずキャンプファイアの火を消してから移動すること。
きちんと消火しなければ、
突然また炎が燃え上がってしまう。

ここに見られるように、キャンプファイアはその痕跡を自然の中に残してしまう。

キャンプファイアは、そこに手のひらを
当てたとき熱を感じなくなるまでは消えていない。

ニルス・ブロック＝ホエル（Nils Bloch-Hoell）
ノルウェー・トレッキング協会（Norwegian Trekking Association）

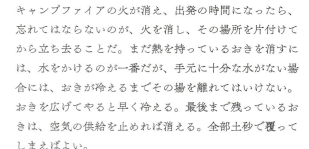

キャンプファイアの火が消え、出発の時間になったら、忘れてはならないのが、火を消し、その場所を片付けてから立ち去ることだ。まだ熱を持っているおきを消すには、水をかけるのが一番だが、手元に十分な水がない場合には、おきが冷えるまでその場を離れてはいけない。おきを広げてやると早く冷える。最後まで残っているおきは、空気の供給を止めれば消える。全部土砂で覆ってしまえばよい。

⭐ 焚き火の跡を片付ける

エシカルな人々は、キャンプのときにはこのモットーを実践する。「痕跡を残さない」。火が消えたら、焚き火の跡も、そこに自分がいた痕跡も残らないように、できる限りのことをしよう。円形に並べた石を取り除き、薪が残っていたら周辺にばらまいて、火で焦げた土だけが残るようにする。できれば、火が完全に燃え尽きるまで待ち、木炭や半焼けの枝がまったく残らないようにするほうがよい。木材が腐るまでには何十年もかかる。こうすれば、熱を持っているおきを残さずにすむ。

⭐ 痕跡を残さない

森や草原や山や浜辺を訪れるならば、帰るときには、自分が自然界に持ち込んだものをすべて必ず持ち帰るようにしなければならない。キャンプファイアで燃やすことができるゴミもあるが、現代の包装容器は、完全には燃

えないものがほとんどだ。

　また、キャンプファイアをたいた場所にまた戻ってくる予定などない場合が多い。その点を考え、自分がそこを訪れた痕跡を完全に消すようにしよう。キャンプの残骸で大自然に傷跡を残す必要はない。

★ 常設のキャンプ場とファイアピット

常設のキャンプ場に行く場合は、状況が少し異なるが、それでも、立ち去る前に片付けるという義務を免除されるわけではない。そのキャンプ場が次に訪れる人にとっても完璧な場所となるようにするためだ。キャンプ場に到着したとき、ゴミがきれいに片付けられ、薪がきれいに積まれて用意されていたら、その瞬間から楽しめる。前に来た人が後に来る人のことを気づかってくれたと思うと、それだけで気分がいい。自分も同じことをしようという気にさせてくれる。

［右］身につけるべきよい習慣。焚き火の跡を片付けてから出発すること。

⭐ 星空の下のキャンプファイア

私たちは漆黒の闇とゆらめく炎の光のコントラストに魅了される。キャンプファイアはどんな時も友情をはぐくんでくれる場所だ。火は光と熱と安全をもたらし、炎の上で食事の支度をすることもできる。こうしたいかにも人間的なことすべてがあるからこそ、私はアウトドアライフに興味をかきたてられ、ハイキングが好きになったのかもしれない。そして私は、自然の中で得た経験を自宅に持ち帰る。服や髪やひげに煙の匂いを染み込ませて。

　それがまたいい。

引用文献

- P016: Gisle Skeie: from his hymn entitled Gud gav oss ilden, 2007 (www.nyesalmer.no)
- P019: Hans Børli: "Ilden", Dagsavisen (newspaper), Glåmdalen, 29 July 1961, taken from Samlede dikt, Aschehoug, 1995
- P026: Gil Adamson: The Outlander, 2007. Norwegian version: Enken (the Widow), Forlaget Oktober, 2011. Norwegian title: Enken, translated by Kia Halling
- P032: Rudolf Nilsen: "Ved bålet", from the collection of poems entitled Hverdagen (Everyday), Gyldendal Norsk Forlag, 1929. Also published in Samlede dikt, Gyldendal Norsk Forlag, 1946
- P037: Jack London: To Build a Fire, published in Norwegian in Livsgnisten og andre noveller, Den Norske Bokklubben, 1976. Translated into Norwegian by Kjell Risvik
- P040: Anders Larsson-Lussi, from Yngve Ryd: Eld, Natur & Kultur, Stockholm, 2005
- P049: Nils-Henrik Gunnare, from Yngve Ryd: Eld, Natur & Kultur, Stockholm, 2005
- P051: Jack London: To Build a Fire, published in Norwegian in Livsgnisten og andre noveller, Den Norske Bokklubben, 1976. Translated into Norwegian by Kjell Risvik
- P063: Isak Parfa, from Yngve Ryd: Eld, Natur & Kultur, Stockholm, 2005
- P066: Hans Børli: "Tyrielden", Dagsavisen Kongsvinger Arbeiderblad, 1 February 1942, taken from Samlede dikt, Aschehoug, 1995
- P091: Troels Lund: from the book Daily Life in Scandinavia in the 16th Century, Gyldendalske Boghandel, Copenhagen, 1914
- P130: Ingvar Ambjørnsen: Opp Oridongo, Cappelen Damm, 2009
- P152: Nils Bloch-Hoell, Norwegian Trekking Association, published online (www.ut.no)

参考文献

- Ottar (Norwegian popular science magazine, no. 262): "Ilden i sentrum", Tromsø Museum, 2006
- Yngve Ryd: Eld - flammor och glöd - samisk eldkonst. Natur & Kultur, Stockholm, 2005
- Lars Mytting: Hel Ved, Kagge forlag, 2011
- David More: Trær i Norge og Europa, Cappelen Damm, 2005
- Bjarne Lindbekk: Våre skogstrær, Omega, 2000
- Bjarne Lindbekk; Treet, skogen og mennesket, Omega, 2006
- Jakt, fiske og friluftsliv i Norge, Kunnskapsforlaget, 2005
- Stefan Källman and Harry Sepp: Overleve på naturens vilkår, N.W. Damm & Søn, 2001
- Lars Monsen: Villmarksboka, Lars Monsen Boksenteret Outdoors, 2005
- Lars Monsen: 101 Villmarkstips, revised edition, Larsforlaget, 2013
- Øivind Berg: Barnas bok om friluftsliv, N.W. Damm & Søn, 1992
- Espen Farstad and Dag Heyerdal Larsen: Uteboka, Gyldendal Norsk Forlag, 2000
- Anne B. Bull-Gundersen: Året rundt, Aschehoug, 2001
- Øivind Berg: Vilt og tøft - Villmarksboka, N.W. Damm & Søn, 2000
- Øivind Berg: Ut på tur - friluftsliv, N.W. Damm & Søn, 2002
- Øivind Berg: Kom ut - barnas store bok om friluftsliv, N.W. Damm & Søn, 2002
- Norges Historie, Aschehoug, 1994
- Olaus Magnus: Historia om de nordiska folken, Gidlund, Stockholm, 2010
- Store norske leksikon, Kunnskapsforlaget, 2005
- Arne Johan Gjermundsen: Det gamle verk - Ulefoss Jernbværk rundt år 1800, Norgesforlaget, 2007
- By og Bygd, Norsk Folkemuseum, 1972
- Norwegian magazine: Norsk ved

写真・図版クレジット

- Alf Georg Dannevig: 116
- Birger Dannevig: 112
- Buskerud County Archives: 146
- Friends of the Earth Norway: 124(r)
- Getty: 023
- Helge Solvang: 089
- Hermann Thiersch: 125
- Ingimage: 136
- isak foto: 117
- Marius Nergård Pettersen: 006, 009, 011, 020, 025(r), 027, 030, 041, 045, 084, 086, 087(r), 092, 095, 106, 154, 158
- Norwegian Museum of Science & Technology: 142(l)
- Olaus Magnus: 039, 123, 143
- Øystein Paulsen: 102
- Shutterstock: 004, 012, 014, 015, 018, 023, 024, 034, 042, 043(r), 046, 053(r), 065, 068, 100, 103, 109, 122 (© Giulio Napolitano), 126, 128, 129(t), 131, 136, 138, 140, 141, 142(r), 147, 153(l)
- Universitetsbiblioteket: 090, 114
- Wikimedia Commons: 17, 88, 119, 120, 124(l) and (b)

［原書注意書き］
本書はキャンプやアウトドア料理の際の焚き火について書かれており、本書に記載した情報がこれ以外の目的に利用されることを意図してはいない。本書の内容は一般的情報にすぎず、本書記載の情報を利用した結果、万一事故が発生したとしても、出版者は一切の責任を負わない。

FIRE: FROM SPARK TO FLAME
by Øivind Berg
This edition first published in Great Britain in 2017
by Carlton Books An imprint of the Carlton Publishing Group
Japanese translation rights arranged with Carlton Books Limited, London through Tuttle-Mori Agency, Inc., Tokyo
© CAPPELEN DAMM AS 2015

著者
エイヴィン・ベルク[Øivind Berg]
ノルウェーの教師・作家。自然、野生の動植物、工芸などについて、児童書も含め40冊以上の著作がある。著書"Sjøørret - a biologisk og kulturhistorisk portrett("The Sea Trout - Biology and Cultural History")"が、2015年のSørlandet Literature Prizeを受賞。

訳者
井上廣美［いのうえ・ひろみ］
翻訳家。名古屋大学文学部卒業。訳書に、ビル・プライス『図説世界史を変えた50の食物』、チャールズ・フィリップス『イギリスの城郭・宮殿・邸宅歴史図鑑』、レスリー・ジェイコブズ『ジンの歴史（「食」の図書館）』（以上、原書房）、ドナ・ローゼンタール『イスラエル人とは何か』（徳間書店）など。

［北欧流］焚き火のある暮らし
2019年4月29日　初版第1刷発行

著者　　　　　エイヴィン・ベルク
訳者　　　　　井上廣美
発行者　　　　成瀬雅人
発行所　　　　株式会社原書房
　　　　　　　〒160-0022 東京都新宿区新宿1-25-13
　　　　　　　電話・代表03-3354-0685
　　　　　　　http://www.harashobo.co.jp
　　　　　　　振替・00150-6-151594
ブックデザイン　小沼宏之［Gibbon］
印刷　　　　　シナノ印刷株式会社
製本　　　　　小高製本工業株式会社

©Office Suzuki, 2019
ISBN978-4-562-05647-7
Printed in Japan